KB209845

# 우리 사회를 망가뜨리는 것들

# 우리 사회를
# 망가뜨리는 것들

미디어로 만나는
차별과 불평등 이야기

조현수 지음

re
mind

# 차례

# 들어가는 말

우리는 넷플릭스나 유튜브를 통해서 영화와 드라마를 포함한 수많은 콘텐츠를 언제든지 편하게 접할 수 있는 시대를 살아가고 있습니다. 재밌어서 신나게 웃거나 슬퍼서 눈물을 흘리는 것처럼 감정을 온전히 느끼기 위한 작품도 있고, 단지 지루한 시간을 보내기 위한 작품도 있습니다. 이러한 콘텐츠를 어떻게 소비하느냐는 누구도 침해할 수 없는 개인의 자유입니다.

우리가 보는 영화나 드라마에는 현실의 사회문제가 자연스럽게 녹아 있는 경우가 많습니다. 그래서 단순히 콘텐츠만 소비하고 끝내는 게 아니라, 우리 사회와 어떤 연결점이 있는지 살펴보는 재미도 꽤 쏠쏠합니다. 뉴스와 신문 기사만으로 100퍼센트 이해가 되지 않았던 부분도 영화와 드라마를 통하면 더 쉽게 이해할 수 있습니다. 저는 현실의 사회문제를 영화나 드라마와 같은 콘텐츠와 연결해서 청소년 여러분이 우리 사회를 좀 더 이해하면 좋겠다는 마음에 이 책을 썼습니다.

저는 어릴 때부터 사회문제에 관심이 많았습니다. 초등학교 시절 선생님에게 "이번에 새로 부임한 국무총리에 대해 어떻게 생각하세요?"라고 묻는 아이였고, 친구들 앞에서 내 꿈은 대통령이라고 말하는 당돌한 아이였습니다. 어른이 된 지금은 상식이 살아 있고, 개인의 자유가 민주적으로 보장되는 사회를 꿈꾸는 소시민으로 살고 있습니다.

워낙 사회문제에 관심이 많다 보니 아무 생각 없이 웃고 즐기는 작품보다는 퀴즈와 수수께끼를 푸는 듯한, 철학과 인문학적 요소가 들어간 사회 고발성 영화나 드라마를 더 즐깁니다. 그리고 마지막에 여운이 진하게 남거나 자꾸 생각하게 만드는 작품도 좋아합니다.

세상이 갈수록 복잡하고 골치가 아파지는 탓에 아무 생각 없이 편하게 영화나 드라마를 보고 싶다는 이가 점점 늘고 있지만, 저는 그런 성격이 못 되는 듯합니다. 너무 피곤하게 사는 느낌인가요? 하나의 취향으로 봐주세요.

어떤 사람들은 영화나 드라마가 사회의 밝은 모습이

아니라, 어두운 모습을 보여주는 것을 정치적이라고 비난하거나, 왜 세상에 부끄럽고 수치스러운 모습을 공개하냐고 불만을 가질 수도 있습니다.

하지만 우리 사회가 더 나은 사회로 발전하기 위해서는 먼저 어떤 문제가 있는지 알아야 하지 않을까요? 문제의식을 느끼는 사람이 많아질수록 사회문제를 해결할 가능성도 커집니다. 저는 우리를 불편하게 만드는 좋은 작품이 늘어날수록 건강한 사회와 가까워진다고 확신합니다.

영화 〈부당거래〉와 〈베테랑〉에서 사회문제를 조명한 류승완 감독은 '영화는 현실을 반영하는 거울 역할'을 한다고 말했습니다. 이처럼 영화와 드라마는 다양한 방식으로 관객들에게 메시지를 전달하고 있습니다.

사회문제를 고발하는 성격이 강한 작품은 상업적으로 성공하기 어려운 탓에 투자를 받지 못하고, 부족한 예산으로 어렵게 만들어지는 경우가 많습니다. 저는 사회를 좀 더 따뜻하고 건강하게 만드는 작품이 많은 관객의 사랑을 받았으면 좋겠습니다.

『우리 사회를 망가뜨리는 것들』에는 우리 사회를 건강하게 만들어줄 수 있는 작품을 선정해서 청소년 여러분이 고민해 봤으면 하는 주제를 담아냈습니다.

사회문제는 당사자들의 이해관계가 워낙 복잡하게 얽혀 있어서 어려워 보이지만, '다름'을 기반으로 접근하면 쉽게 다가갈 수 있습니다.

지금부터 저와 함께 다양한 사회문제를 만나고 여러 생각을 나눠보겠습니다.

# 01
# 존엄성이 사라진 학교
## 〈더 글로리〉

"용서는 없어.
그래서 그 어떤 영광도
없겠지만."

# 청소년을 병들게 하는 학교폭력

2023년, 대한민국을 뜨겁게 만들었던 화제의 넷플릭스 드라마 〈더 글로리〉를 아시나요? 청소년관람불가 등급이지만, 워낙 유명해서 여러분도 그 내용을 들은 적이 있을 겁니다.

〈더 글로리〉에서 주인공 문동은은 끔찍한 학교폭력을 당합니다. 문동은에게 폭력을 가한 학생들은 사과와 용서가 아니라, 부모님의 돈과 힘으로 사건을 무마하려 합니다. 게다가 학교는 피해자인 문동은을 지켜주지는 못할망정 오히려 2차 가해를 합니다. 문동은은 피해 사실을 알렸다는 이유로 교무실 한가운데서 담임 선생에게 폭행을 당하기도 합니다.

경찰 역시 문동은을 보호하지 않고 가해자들을 훈방 조치합니다. 그녀를 제외한 모든 관련자와 관련기관은

제2의 가해자이거나 방관자입니다.

그 누구도 도움을 주지 않는 처참한 상황에서 가장 큰 힘이 되어주어야 할 문동은의 어머니조차 돈을 받고 딸을 버리면서 가정이 해체됩니다. 그녀는 가정과 학교, 사법 제도, 그 무엇도 자신을 도와주지 않는 절망 속에서 지내게 됩니다. 청소년기에 내면이 무너진 문동은은 초등학교 선생이 된 후 모든 삶을 바쳐 치밀하게 준비한 복수를 시작합니다. 무려 18년에 걸쳐서.

〈더 글로리〉가 높은 시청률을 기록할 수 있었던 건 드라마보다 현실이 더 우울하고 심각하기 때문입니다. 드라마 속 장면은 지금 어딘가에서 일어나고 있는 폭력일 가능성이 큽니다. '설마 그런 일이 진짜로 발생했을까?' 하는 의구심이 생길 수도 있지만, 많은 시청자에게 충격을 준 일부 폭력 장면은 실제로 있었던 일입니다.

현재 학교폭력 가해자들은 점점 대담해지고 있습니다. 특히 촉법소년 연령에 포함되는 가해자들은 어차피 죄를 저질러도 처벌받지 않는다는 잘못된 생각으로 폭력의 수위를 높이고 있습니다.

한국의 촉법소년 연령은 만 10세 이상부터 만 14세 미만입니다. 이 연령대에 속하면 형사책임 능력이 없기에 법을 어겨도 처벌받지 않고, 가정법원이 소년원으로 보내거나 보호관찰을 받게 하는 등 '보호처분'을 받을 수 있습니다. 우리가 일반적으로 생각하는 감옥에 가지는 않지만, 아예 벌을 받지 않는 건 아닙니다.

〈더 글로리〉의 문동은은 숨거나 움츠리지 않고 가해자들의 인생을 흔들며 처벌하는 능동적인 인물입니다. 이 작품에는 '희망'이라는 단어가 자주 등장하지만, 그녀의 복수가 행복해 보이지는 않습니다. 왜냐하면 가해자를 전부 응징하더라도 잃어버린 학창 시절을 되찾을 수는 없기 때문입니다.

드라마와 달리 현실의 학교폭력 피해자는 어른이 되어서도 과거의 학교폭력이 떠올라 종종 극도의 두려움과 불안을 느끼는 공황 상태에 빠지기도 합니다. 학교폭력 피해자는 끔찍한 트라우마 속에서 영원히 고통받는 경우가 대부분입니다.

학교폭력에 대응하기 위해 '학교폭력예방법'이 2004년 1월 29일에 제정되어, 그해 7월 30일부터 시행되고 있습니다만, 학교폭력은 줄지 않고 오히려 더 늘어나고 있습니다.

현재 학교폭력은 소셜미디어로 인하여 온라인 세상 속에서도 넘쳐납니다. 학교폭력과 소셜미디어는 어떤 관계가 있을까요?

# 소셜미디어를 통한 사이버폭력

〈더 글로리〉에서 문동은은 자신을 괴롭혔던 가해자들에게 복수하기 위해 소셜미디어로 필요한 정보를 얻습니다.

우리는 스마트폰 덕분에 언제 어디서든 소셜미디어에 접속할 수 있습니다. 스마트폰을 실수로 집에 두고 나오면, 온종일 스트레스에 시달리거나 초조함을 느끼는 사람이 있을 정도로 소셜미디어는 우리의 일상이 되었습니다.

소셜미디어는 다양한 사람들과의 소통을 통해서 삶의 행복도를 높이기도 하지만, 가짜뉴스를 포함하여 수많은 사람의 개인정보가 올라와 있어서 범죄에 악용되기도 합니다.

최근에는 소셜미디어를 통해 연예인이 과거에 저지

른 학교폭력을 폭로하는 일이 자주 발생하고 있습니다. 학교폭력 가해자였던 연예인의 민낯이 드러나 대중의 따가운 비판을 받고 있지만, 가해자의 진심 어린 반성과 사과가 사회 시스템의 개선으로 이어지지 않는 탓에 학교폭력은 줄어들기는커녕 더욱 증가하고 있습니다.

그리고 소셜미디어가 학교폭력 피해자를 괴롭히는 공간이 되기도 합니다. 가해자들은 자신들의 폭력 행위를 소셜미디어 공간에서 생중계하거나, 피해자를 괴롭히는 방법을 소셜미디어로 공모합니다. 게다가 피해자의 성 착취물을 촬영해 올리거나 해당 영상을 판매하기도 합니다. 과거의 학교폭력과 달리 이제는 온라인에서도 학교폭력이 벌어지기에 피해자들의 고통은 더욱 커질 수 있습니다. 소셜미디어가 n차 가해의 도구가 되는 것입니다.

학교폭력을 예방하는 기관인 '푸른나무재단'에서 2023년에 발표한 '전국 학교폭력·사이버폭력 실태조사'에 따르면 학교폭력 피해 학생의 98퍼센트는 소셜미디어를 통한 사이버폭력을 경험했으며, 피해 학생 10명 중 4명이 자살과 자해 충동을 경험했습니다.

오프라인에서 일어나는 학교폭력은 감소하는 것처럼 보여도, 소셜미디어를 통한 사이버폭력은 점점 증가하고 심각해지고 있습니다.

다양한 사이버폭력 중 가장 많이 발생하는 유형은 '언어폭력'입니다. 카카오톡이나 페이스북, 인스타그램처럼 실시간으로 소통이 가능한 소셜미디어에서 빈번하게 발생합니다. 단체 대화방에 피해자를 초대해 폭언을 일삼는 '떼카', 일부러 피해자만 남기고 모두 대화방을 퇴장시켜 왕따를 시키는 '방폭', 대화방을 감옥처럼 나가지 못하게 하며 지속적으로 초대하는 '메신저 감옥' 등 다양한 방법으로 피해자를 괴롭힙니다.

그리고 피해자를 직접 상대하지 않고, 소셜미디어나 온라인 게임의 부계정을 만들어 피해자의 사진이나 개인정보를 허락 없이 게시하고, 태그 기능을 통해 피해자의 계정을 지목해 괴롭히기도 합니다. 피해자나 피해자 가족을 모욕하거나 가짜 정보를 게시해 인터넷에 퍼트리기도 합니다.

심지어 피해자의 카카오톡 계정과 전화번호 등 개인정보를 타인에게 팔거나, 소액결제를 강요해 금전적으로 이득을 노리는 일도 있으며, 무선 와이파이 연결을 강요해 '인터넷 데이터'를 빼앗는 '와이파이 셔틀'도 있습니다.

오프라인에서 이뤄지는 신체적·정신적 폭력과 달리

소셜미디어에서 발생하는 사이버폭력은 시간과 공간의 제한 없이 지속되는 탓에, 피해자나 수사기관이 문제가 되는 게시물을 빠르게 삭제하지 않는 이상, 더 큰 상처를 남길 수 있습니다.

소셜미디어를 포함한 사이버폭력이 본격적으로 문제가 된 건 2010년 중반이었고, 당시에는 단순한 언어폭력이 주를 이뤘습니다. 하지만 시간이 흐르면서 사이버폭력의 종류도 다양해졌습니다.

최근에는 소셜미디어에서 '지인을 능욕해 준다'라는 게시글에 연락해 지인의 얼굴이 나온 사진을 보내면, 음란물에 지인 얼굴을 합성해 유포하는 '딥페이크(Deepfake)'가 심각한 사회문제로 떠올랐습니다. 딥페이크는 딥러닝(Deep Learning)과 페이크(Fake)를 합친 말로, 인공지능을 이용해 특정한 인물의 얼굴을 사진이나 영상에 합성하는 것을 의미합니다. 이러한 게시물이 소셜미디어 플랫폼에 한 번이라도 유포되면 그 피해가 막심합니다.

사이버폭력 가해자는 오프라인보다 처벌하기 어렵습니다. 왜냐하면 게시물이 올라간 소셜미디어 플랫폼의 적극적인 협조가 없으면 빠르게 증거물을 수집할 수 없으며, 많은 소셜미디어 플랫폼이 사용자의 익명성을 보장하기에 가해자를 특정하기 어렵기 때문입니다.

　이처럼 학교폭력이 소셜미디어로 옮겨지며 더 많은 피해자가 발생하고 있는 상황에서, 불신과 방관이 학교폭력을 어떻게 더 심각하게 만드는지 알아보겠습니다.

# 불신과 방관으로 인한 피해

〈더 글로리〉에서 학교폭력을 당한 문동은에게 많은 사람이 도움을 주고 사법 제도에 대한 신뢰가 무너지지 않았다면, 문동은이 직접 복수에 나서는 일은 없었을지도 모릅니다.

학교폭력은 주로 교내에서 발생하는 폭력을 의미하며, 크게 '신체적 폭력' '언어적 폭력' '정서적 폭력'으로 나뉩니다. 명확하게 구분하기 어렵지만, 학년과 나이가 올라갈수록 정서적 폭력이 상대적으로 더 많아지는 경향이 있습니다.

학교폭력은 단순히 '나쁜 사람'이 있어서 발생하는 문제가 아닙니다. 가정의 해체, 공교육의 붕괴, 물질만능주의, 빈부격차 등 우리 사회의 구조적인 문제가 근본 원인입니다. 가해자만 강하게 처벌한다고 해서 학교폭력은 사라지지 않습니다.

문동은의 담임 김종문은 경찰 조사를 받으면서도 가해자들을 더 챙기는 이해할 수 없는 모습을 보여줍니다. 문동은을 적극적으로 보호해야 할 위치에 있음에도 가해자의 폭력 행위가 문동은의 잘못된 행동에서 비롯됐다고 말합니다. 문동은이 학교에 대한 신뢰를 잃고 자퇴서를 내자, 김종문은 자신의 근무 평가에 악영향을 끼칠 것을 우려해서 그녀에게 폭력을 가하기도 합니다. 가장 믿어야 할 사람에게서도 보호받지 못하면서 문동은의 상처는 점점 커졌고, 이 사회에 대한 불신 역시 커졌습니다.

문동은의 복수는 바람직하지 않지만, 많은 시청자가 그녀에게 공감한 건 드라마와 마찬가지로 현실의 사법 제도에 대한 불신이 있기 때문입니다.

뉴스를 보면 돈이 많은 사람은 죄를 저질러도 무죄나 솜방망이 처벌을 받고 풀려나는 모습을 접하는 경우가 종종 있습니다. '유전무죄 무전유죄'처럼 사라져야 할 법칙이 오히려 더 강화되는 것처럼 보이는 건 저만의 생각일까요?

법은 부자와 권력자를 보호하기 위해 존재하는 게 아니라, 돈과 힘이 없는 사람들이 기댈 수 있는 희망이 되어야 합니다. 사법 제도는 피해자의 아픔을 덜어주고 가해자를 엄벌해 사회 시스템이 제대로 작동하게 만듭니다. 사적 복수가 공감을 얻으며 현실적인 해결책이 되어서는 안 됩니다. 피해자의 아픔이 완전히 씻기는 복수는 이 세상 어디에도 존재하지 않습니다.

학교폭력에는 가해자와 피해자뿐만 아니라 방관자도 있습니다. 많은 사람이 자신도 피해자가 될 수 있다는 불안감으로 학교폭력을 방관합니다. '내 일이 아니니까 괜찮다'라고 생각하는 방관자는 어디에나 존재합니다. 하지만 학교폭력은 직접 관여하지 않고 보기만 하더라도 가해자가 될 수 있고, 피해자 역시 또 다른 가해자가 될 수 있습니다.

내가 피해자가 될 수 있다거나 내 일이 아니라는 이유로 학교폭력을 방관하면, '작은 사건이 추후 예상하지 못한 결과'로 이어지는 '나비효과'처럼, 언젠가 자신도 큰 피해를 볼 수 있습니다.

그러나 부모보다 친구가 더 큰 영향을 미치는 학창 시절에는 학교폭력을 발견했을 때 제지하거나 주변에 알릴 수 있는 용기를 내기가 쉽지 않습니다. 게다가 용기를 내어 학교폭력을 알리더라도 학교나 사회에서 자신을 보호해 주고, 학교폭력도 해결될 것이라는 신뢰도 많이 무너져 있습니다.

폭력은 인간의 본능인 공격성에서 나오기에, 사회구성원 모두가 힘을 합쳐야만 폭력을 막을 수 있습니다. 다음에는 학교폭력만큼이나 위험하고 심각한 가정폭력에 대해 알아보겠습니다.

# 가정폭력으로 인한 악순환

〈더 글로리〉의 문동은은 학교폭력뿐만 아니라 가정폭력의 피해자이기도 합니다.

문동은의 어머니 정미희는 매일 술을 마시며 딸의 아픔과 상처에는 전혀 관심이 없는 인물입니다. 정미희는 가해 학생의 보호자가 내민 합의금에 눈이 멀어 딸의 자퇴 사유를 '부적응'으로 바꿔버리고, 돈만 챙기고 그대로 자취를 감춰버립니다.

문동은은 어머니와 연락을 끊고 살지만, 성인이 된 문동은을 찾아온 정미희는 딸을 향한 또 한 번의 폭력을 가합니다. 문동은의 집이나 직장을 찾아가 행패를 부리며, 그녀의 트라우마를 자극합니다.

문동은의 어머니는 스토킹 가해자이기도 합니다. 어머니라는 이유로 실종 신고를 해 피해자를 찾아내거나,

피해자 명의의 도장을 이용해 피해자의 주거지에 무단으로 전입신고를 하는 일은 현실에서도 비일비재합니다. 게다가 피해자 주변인을 괴롭혀 정보를 얻어내기도 합니다.

〈더 글로리〉 방영 당시 "동사무소 가서 서류 한 장 떼면 너 어디 있는지 다 나와, 어디 또 숨어봐. 내가 찾나, 못 찾나"라는 정미희의 대사가 나온 후 쏟아지는 민원으로 인해 주민센터와 관련기관은 평소보다 더 바쁘게 일해야만 했습니다. 정미희의 대사처럼 가정폭력 가해자는 피해자를 쉽게 찾을 수 있을까요?

개정된 가족관계등록법에 따르면 가정폭력 피해자가 가해자로 지정한 사람은 피해자 본인의 가족관계증명서 등을 떼어 보지 못하게 할 수 있습니다. 문동은이 가까운 주민센터로 찾아가 신청만 하면, 정미희는 문동은이 어디에 있는지 알 수 없습니다.

부모의 비민주적인 의사소통과 폭력적인 문제 해결 방식은, 자녀에게도 그대로 이어지는 경우가 많습니다. 가정폭력 피해자가 또래에게 폭력을 저지르는 악순환을 막기 위해서라도 가정폭력을 방치하거나 가볍게 여겨서는 안 됩니다.

여성가족부는 가정에서 갈등과 학대, 폭력, 방임, 가

정 해체, 가출 등의 이유로 보호자로부터 이탈된 9세 이상 24세 이하 청소년을 '가정 밖 청소년'으로 관리하고 있습니다. 이러한 가정 밖 청소년은 여성가족부가 조사하는 '학교 밖 청소년(정규 교육 과정을 마치기 전에 학교로부터 제적당하거나 퇴학, 자퇴한 청소년)'과 달리 정확한 규모를 파악하지 못하는 상황입니다. 가정 밖 청소년은 사각지대에 놓여 있어서 방치되는 경우가 많습니다.

현행법에 따르면 아동학대는 '보호자를 포함한 성인이 아동의 건강 또는 복지를 해치거나 정상적인 발달을 저해할 수 있는 신체적, 정신적, 성적 폭력이나 가혹행위를 하는 것과 보호자가 아동을 유기하거나 방임하는 것'이라고 규정되어 있습니다.

아동학대라고 하면 신체적 학대만 해당한다고 생각하는 경우가 많으나 아이에게 정신적 충격을 주는 행위도 정서적 학대가 될 수 있습니다. 정서적 학대 행위는 가정폭력에 아동을 노출하는 것도 포함됩니다.

가정폭력과 아동학대는 대부분 집 안에서 발생하고 부모가 곧 가해자가 되는 일이 많아서 발견이 어렵습니다. 발견했다고 하더라도 부모의 자녀 훈육 정도로 생각하는 분위기가 사라지지 않고 있습니다.

폭력은 사랑의 매가 될 수 없습니다. 폭력은 또 다른 폭력으로 이어질 가능성이 큽니다. 우리가 가정폭력에 주목해야 할 이유는 너무나도 많습니다.

# 02
# 모두가 행복할 수 있을까?
## 〈괴물〉

"괴물은 누구게?"

# 혼자라서 더 힘든 한부모가족

일본 영화 〈괴물〉은 초등학교 5학년 아들을 혼자 키우는 사오리의 시선에서 시작됩니다. 어느 날 아들 미나토의 행동이 이상해지자 사오리는 아들에게 무슨 일이 있는지 묻습니다. 사오리의 물음에 미나토는 이렇게 대답합니다.

"호리 선생님에게 폭언과 체벌을 당했어요."

미나토의 말에 충격을 받은 사오리는 학교를 찾아가 항의하지만, 학교 측에서는 형식적인 사과의 말만 되풀이합니다. 더 분노한 사오리는 담임 호리를 해고하라고 요구하지만, 오히려 호리는 미나토가 같은 반 친구인 요리를 때리고 괴롭힌다고 폭로합니다. 과연 진실은 무엇일까요?

사오리는 미나토를 홀로 양육하는 '한부모가족'입니

다. 한부모가족은 남편이나 아내가 배우자 없이 혼자서 18세 미만 자녀를 양육하는 가족을 의미합니다. 한부모가족은 다양한 이유로 발생합니다. 부부가 이혼하거나 배우자가 세상을 떠난 경우, 결혼하지 않고 아이를 낳는 미혼모도 여기에 해당합니다.

여성가족부가 발표한 '2023 통계로 보는 남녀의 삶' 자료를 보면 2022년 기준으로 한부모가족은 약 149만 가구이고, 한부모가족 중 약 112만 가구가 여성 한부모가족입니다.

한국은 다른 나라에 비해 물가가 높은 나라여서 외벌이인 한부모가족은 빈곤율이 높은 편입니다. '2021년 한부모가족 실태조사'를 보면 한부모가족의 월평균 소득은 전체 가구와 대비해서 58.8퍼센트에 불과했습니다. 그래서 정부나 지자체에서 생활이 어려운 한부모가족을 위한 다양한 복지 서비스를 제공하고 있습니다.

영화 속 사오리는 남편과 사별했고, 세탁소 일을 하며 아들을 키웁니다. 그녀는 아들을 위해 학교에 책임을 묻고 원인을 밝히고자 노력하는데, 담임 호리는 사오리를 한부모가족이라 과잉된 태도를 보이는 게 문제라고 맞섭니다.

한부모가족은 두 사람 몫인 자녀 양육을 혼자서 해야

하기에, 24시간도 부족할 정도로 열심히 살아갑니다. 그러나 사회에는 이러한 한부모가족의 노력이나 어려움은 고려하지 않고 편견만 가득합니다.

예전에는 한부모가족 대신 '결손가정'이라는 차별적인 용어를 사용하여 많은 한부모가족에게 상처를 줬습니다. '이지러질 결(缺)'과 '덜 손(損)'이 결합한 '결손'은 어딘가 한 귀퉁이가 떨어지거나 찌그러져 있다는 뜻입니다. 쉽게 말해 잘못되거나 불완전하다는 의미입니다. 결손가정보다 더 심각한 표현인 '해체가정'이라는 용어가 쓰였던 시절도 있습니다. 어머니나 아버지 한쪽이 없다고 해서 이상한 가족이라고 할 수 있을까요?

현재 널리 사용하는 한부모가족에서 '한'은 순수 우리말로 '크다' '같다' '가득하다'라는 뜻을 담고 있습니다. 한부모가족은 이상하고 비정상적인 게 아니라, 하나의 온전한 가족이라는 의미가 있습니다. 한부모가족을 향한 폭력이나 편견은 점점 사라지고 있지만, 아직 가야 할 길은 많이 남아 있습니다.

〈괴물〉의 고레에다 히로카즈 감독은 인터뷰에서 이렇게 말합니다.

"우리가 이해하고 싶지 않은 것들에 대해 포기하고, 그걸 '괴물'이라 치부하는 상황이 발생하고 있었다."

이처럼 현재 우리가 사는 세상은 점점 타인을 공감하고 이해하려는 노력을 포기하고 있습니다. 한부모가족은 이해하지 못하는 틀린 형태가 아니라, 조금 다른 형태일 뿐입니다. 정상 가족이 없듯이 비정상 가족도 없습니다.

한부모가족에서 자라고 있는 미나토로 인해 삶의 큰 추락을 경험한 담임 호리의 입장으로 넘어가 보겠습니다.

# 학교를 떠나는 선생님

미나토의 담임 호리는 정말 '괴물'일까요?

호리의 시점으로 보면 괴물은 자신이 아니라, 교장 선생님과 미나토일 것입니다. 교장 선생님과 다른 선생님들은 일이 커지는 걸 막아 학교와 자신들을 보호하기 위해 모든 책임을 호리에게 돌리려 하고, 미나토는 말도 안 되는 거짓말로 호리를 더욱 궁지에 몰아넣습니다. 학교 측은 호리에게 '유일한 범인'이 되라고 명령합니다. 호리가 미나토의 엄마에게 "당신 아들은 피해자가 아니라 가해자"라고 항변하지만, 위기는 더욱 심각해집니다.

영화처럼 일본에서도 교권 추락이 큰 문제가 되고 있지만, 한국과 달리 교사를 보호할 수 있는 제도가 있습니다.

일본은 교실 내 질서 유지와 다른 학생의 학습권 보

장을 위해 출석정지 제도를 시행하고 있습니다. 학부모가 선생님을 위협하거나 화를 내면 처벌받을 수도 있습니다. 선생님은 학부모에게 조용히 말하도록 요구할 수 있고, 무례한 행동이 지속되면 관리 직원을 부르거나 경찰에 신고할 수도 있습니다.

그러면 우리나라는 어떨까요? 이 책을 읽는 독자는 지난 7월 대한민국을 떠들썩하게 만들었던 '서이초등학교 사건'을 알고 있을 겁니다. 이 사건뿐만 아니라 최근 선생님들의 위상이나 권리가 많이 떨어졌고, 학교를 떠나는 선생님도 늘어나고 있습니다. 선생님이 학교를 떠나는 건 학생에게도 좋은 일은 아니기에 이 문제를 잘 알아야 합니다.

필자가 학교에 다닐 때만 해도 상상할 수 없었던 일들이 많이 일어나고 있습니다. 일부 학생은 친구들이 지켜보는 앞에서 선생님을 욕하거나, 아니면 몰카를 촬영하는 등 성범죄를 저지르기도 합니다. 일부 학부모는 수업 중인 교실을 찾아가 교사를 마구 폭행하기도 합니다.

이처럼 교권이 추락하면서 아예 교육대학에 진학하지 않는 학생들도 늘어나고 있습니다. 교사로서의 삶이 힘들다는 사실을 너무나 잘 알고 있기 때문일까요? 2024년, 교육대학교 8곳에서 정시모집 최초합격자의

13.1퍼센트가 등록을 포기했습니다.

게다가 학교를 떠나는 교사도 늘어나고 있습니다. 교사를 포함한 교육공무원은 재직기간 20년을 넘기면 정년 퇴직일로부터 최소한 1년 전에 스스로 퇴직할 수 있습니다. 그러나 최근에는 퇴직을 선택하는 교사의 연령대가 낮아지고 있습니다. 62세 정년이 한참 남았음에도 학교를 떠나는 것입니다.

교사라는 직업이 주는 자부심과 사명감이 점점 사라지고 있습니다. 좋은 교사가 학교에 있어야 우리나라 교육 전체가 발전할 수 있습니다. 교권 추락은 결국 학생들에게도 큰 피해를 주는 문제이기에 더 관심을 가져야 합니다.

# 성소수자에 대한 차별과 혐오

"나 여자 좋아해!"

한 여학생이 칠판 앞에 서서 친구들에게 외칩니다. 이 목소리를 들은 반 친구들이 용기를 낸 여학생을 예전처럼 똑같이 대할까요? 과거와 비교해서 성소수자에 대한 인식이 좋아졌지만, 여전히 성소수자에 대한 차별과 혐오가 존재합니다. 성소수자는 언제든지 따돌림이나 괴롭힘을 당할 수 있습니다.

대한민국 청소년들은 가족보다 친구와 더 많은 시간을 함께하며, 친구들 사이의 규칙을 법보다 중요하게 생각합니다. 친구들이 자기 삶에 엄청난 영향력을 행사하기에 성소수자 학생들은 성 정체성을 숨기는 경우가 대부분입니다. 교과과정에도 성소수자 문제를 거의 언급하지 않고, 성 정체성이 논쟁거리로 다루어지는 현실 속에서 성소수자는 자신을 방어하는 데 최선을 다해야 합니다.

〈괴물〉에서 담임 호리는 미나토가 같은 반 친구인 요리를 괴롭히고 있다고 주장합니다. 그러나 호리의 항변과 달리, 미나토와 요리는 둘도 없는 친구입니다. 친구 그 이상의 관계로 서로를 좋아하고 있습니다. 쉽게 자신의 성 정체성을 드러낼 수 없는 현실처럼 미나토와 요리 역시 그 마음을 누구에게도 말하지 않습니다.

〈괴물〉에는 '남자다움'이라는 단어가 자주 등장합니다. 그런데 '남자다움'이란 무엇일까요?

호리의 오해와 달리 요리는 미나토가 아니라 반 친구들에게 괴롭힘을 당했습니다. 그 이유는 요리에게 '남자다움'이라 생각하는 특징이 거의 없기 때문입니다. 요리는 예의 바르고 귀여운 아이입니다. 누구를 미워하지도 떼를 쓰지도 않습니다. 친구들에게 괴롭힘을 당해도 절망하지 않습니다. '남자다움'이 없어서 괴롭힘을 당했음에도 억지로 '남자다움'을 추구하며 그 무리에 끼려고 하지도 않습니다.

미나토와 요리는 그들의 유일한 안식처이자 아지트인 산속의 고장 난 기차 안에서 많은 시간을 보냅니다. 두 사람은 기차에서 자신들만의 공간과 감정을 동시에 키워갑니다. 영화의 마지막, 미나토와 요리는 그들의 유일한 안식처에서 벗어나 어디론가 뛰어갑니다. 마치 자유라는 하늘로 비상하기 위한 두 마리 새처럼. 그러나 그들 앞에는 어두컴컴한 터널이 있습니다.

성소수자 학생들은 자신을 있는 그대로 받아들이고 이해해 주는 사람이 없어서 고립감을 느끼기 쉽습니다. 성인도 자신의 성 정체성을 숨기면서 많은 스트레스를 받는데, 예민하고 민감한 시기의 학생들은 얼마나 더 힘들고 괴로울까요?

성소수자는 '괴물'이 아닙니다. 여자는 남자를 좋아하고, 남자는 여자를 좋아해야 한다는 법칙은 존재하지 않습니다. '자유'가 최고의 가치인 세상에서 성소수자를 멀리하고 싶을 수는 있습니다. 하지만 그들을 향한 차별과 혐오는 지양해야 합니다. 차별과 혐오는 다름과 자유가 아니라 틀림과 폭력입니다.

# 타인을 괴물로 만드는 세상

영화 〈괴물〉의 고레에다 히로카즈 감독은 관객들에게 누가 괴물인지 끊임없이 묻습니다.

이 영화에 등장하는 인물에게 '괴물'은 동일하지 않습니다. 미나토의 엄마 사오리에게 괴물은 담임 호리와 학교이고, 담임 호리에게 괴물은 미나토와 학교이며, 미나토와 요리에게 괴물은 다름을 인정하지 않는 사회 그 자체입니다.

그러나 영화 〈괴물〉에서 진짜 괴물은 없습니다. 단지 확인되지 않은 소문들만 넘쳐납니다. 그리고 많은 사람이 소문을 그대로 믿어버린 탓에, 호리와 같은 평범한 사람을 괴물로 만들어버립니다.

우리가 사는 세상은 절대적이지 않으며, 선과 악이라는 이분법으로 정확하게 나눌 수 없습니다. 과학이나 통계도 늘 오류가 있습니다. 하지만 이 세상은 점점 누군가를 괴물로 만드는 데 익숙해지고 있습니다.

나와 다르면 모두 괴물일까요? 미나토와 요리는 "우리는 있는 그대로 살면 된다"라고 희망을 듬뿍 담아 말하지만, 사람들의 따뜻한 마음은 점점 차갑게 식어가고 있습니다.

인간은 자기가 보고 싶은 대로 보는 경향이 있습니다. 근거 없는 소문임에도 개인적인 경험을 토대로 타인을 너무나 쉽게 괴물로 만들고, 다른 사람들에게 알리기까지 합니다. 그렇게 문제가 아닌 것들조차 심각한 문제로 둔갑하는 경우가 많습니다.

모든 문제의 근원은 괴물에게 있고, 이 괴물만 없애면 우리 사회가 아름답게 바뀔 수 있을까요? 개인의 삶이나 사회문제는 특정 존재에게 책임을 떠넘겨서 해결되는 문제가 아닙니다.

여러분은 혹시 '악의 평범성'이란 말을 들어봤나요? 정치철학자인 한나 아렌트는 수많은 유대인을 학살한 아돌프 아이히만이 어머니와 애인을 그리워하는 평범한 인간이라는 사실을 근거로 악의 평범성을 주장했습니다.

아렌트의 주장처럼 평범한 사람이 아무런 악의를 가

지지 않고 끔찍한 일을 행하기도 합니다. 그리고 강압이나 무의식적인 복종으로 일어날 수도 있습니다. 누구나 악을 가질 수 있고, 누구나 괴물이 될 수 있는 사회입니다.

우리는 국회의원을 악마라 말하고, 특정 지역을 비하하고, 자신과 생각이 다르면 아예 대화조차 하지 않으려는 모습을 자주 볼 수 있습니다.

끊임없이 타인을 괴물로 만드는 세상에서 우리는 자기도 모르는 사이에 가해자나 피해자가 되기도 합니다. 영화 〈괴물〉에서 말하는 '누가 괴물인가?'라는 메시지는 우리가 꼭 생각해 봐야 할 문제입니다.

# 03
# 가족의 재구성
## 〈애프터양〉

"넌 이 가지처럼
엄마 아빠랑 연결돼 있어.
넌 가족 나무의 일부야."

# 인공지능 로봇과 함께하는 삶

〈애프터 양〉은 SF 영화임에도 광활한 우주, 인간의 모습과 전혀 다른 외계인, 최첨단 미래 도시라는 전형적인 모습이 잘 드러나지 않습니다. 많은 게 절제되어 있고 자연 속 사찰에서 차를 마시는 듯한 느낌을 받을 수 있는 작품입니다.

주인공 부부인 제이크와 키라는 딸 미카를 중국에서 입양해 키우는데, 딸이 중국 문화와 단절된 채 자라는 걸 원하지 않아서 문화적인 배경을 알려 줄 인공지능 로봇 '양'과 함께 살아갑니다. 양은 미카에게 중국 문화와 역사에 관한 지식을 설명해 주는 게 기본 기능입니다.

미카에게 양의 존재는 단순한 로봇이 아니라 친오빠와 같습니다. 양은 학습 도우미를 넘어 미카의 오빠이자 때로는 아빠 노릇도 대신합니다. 미카와 끈끈한 관계를 유지하던 양은 어느 날 작동을 멈추게 되고, 미카는 크게 슬퍼합니다. 그러나 제이크와 키라는 단순 고장으로 여기고 양을 고치기 위해 몹시 바쁘게 돌아다닙니다.

우리는 스마트폰이나 TV 등 여러 기계를 통해 인공지능과 만나며 대화하고 있고, 식당에서 주문한 음식을 로봇이 직접 가져다주는 시대에 살고 있습니다. SF 영화나 드라마처럼 인간의 모습과 비슷한 로봇이 가정마다 있는 건 아니지만, 본격적으로 맞이할 인공지능과 로봇 시대에 대비해야 할 필요성이 있습니다.

인공지능과 로봇 발달에 따른 가장 현실적인 문제는 일자리 부족입니다. 기술 발달이 새로운 일자리를 만들어 내기도 하지만, 제4차 산업혁명은 인간의 일자리를 없앨 가능성이 더 큽니다. 우리는 이미 식당에서 종업원을 통하지 않고 '키오스크(터치스크린 방식의 무인 단말기)'를 통해 주문과 결제를 하고 있습니다. 키오스크가 늘어날수록 인간이 해야 할 일은 줄어들고, 일자리 역시 감소합니다.

인간은 일을 끝내고 난 뒤에 휴식이 필요합니다. 그러나 인공지능과 로봇은 24시간 내내 일할 수 있고, 힘들다는 불평도 하지 않습니다. 게다가 비용마저 저렴하다면 앞으로 어떻게 될까요? 솔직히 필자에게 인간과 로봇 중 누구를 고용하겠냐고 묻는다면 로봇을 선택할 듯합니다. 미래에는 다양한 이유로 기업가나 사용자가 인간보다 로봇을 선택하는 모습이 자연스러워질 것입니다.

양질의 일자리를 가지고 경쟁했던 인간은 앞으로 인공지능과 로봇이라는 공공의 적을 마주해야 합니다. 더 정확히 말하자면 극소수의 인간이 인공지능과 로봇을 제작하고 운용하며 설계하기에 새로운 차원의 갈등이 일어날 것입니다. 노동자들은 일할 수 있는 권리를 달라고 하고, 기업가들은 로봇을 고용할 권리를 요구하며 첨예한 갈등이 일어날 수 있습니다.

또한 인공지능은 어떻게 학습하느냐에 따라 다양성이 아닌 편향성을 가질 수 있습니다. 인종이나 젠더 갈등, 지역 비하 등을 잘못 학습하게 되면 인류가 오랫동안 풀지 못하고 있는 고민을 더 심화시킬 수 있습니다. 그래서 인공지능을 위한 윤리 기준이 꼭 마련되어야 합니다.

인공지능은 방대한 데이터가 필수이고 때로는 민감한 개인정보를 활용해야 할 수도 있기에 보안이 더 철저해야 합니다. 개인정보가 유출되면 보이스피싱과 같은 범죄에 악용되는데, 만약 인공지능이 가진 데이터가 유출되면 어떤 피해가 일어날까요? 개인의 삶과 사회 전반에 미칠 타격은 훨씬 클 수밖에 없습니다.

인공지능과 로봇이 가진 문제점이 크고 심각하다고 해서 기술 발달을 원천적으로 차단할 수는 없습니다. 그러나 그 위험성이 워낙 큰 탓에 미리 대비하고, 사회구성원 간 활발한 논의를 통해 부작용을 최소화할 수 있는 대책을 마련해야 하지 않을까요?

# 다양한 가족의 탄생

〈애프터 양〉은 '가족의 다양성'이 특징입니다. 남편 제이크와 아내 키라, 입양한 딸 미카는 서로 피부색이 다릅니다. 게다가 미카의 학습을 돕기 위한 양은 인공지능 로봇입니다. 영화는 끊임없이 '가족'에 대해서 묻습니다. 여러분은 가족이 무엇이라 생각하나요?

저출생·고령화로 결혼을 하지 않겠다는 사람이 자꾸 늘어나고 있습니다. 하지만 역설적으로 동거를 통해 누군가와 함께 살겠다는 사람은 증가하고 있습니다. 가족과 가족이 결합하는 결혼의 여러 스트레스는 피하고 싶지만, 사랑하는 사람과 함께 있고 싶은 욕망이 존재하기 때문입니다. 그리고 법적 부부가 아닌 사실혼 관계에서의 출산도 괜찮다는 사람도 있습니다.

과거에는 많은 노인이 외로움 등을 이유로 사실혼 관

계를 유지했습니다. 오랫동안 한집에서 살았음에도 법적 부부가 아니라는 이유로 둘 중 한 명이 사망했을 때 장례식도 제대로 치를 수 없었습니다. 지금은 장례 관련 법이 개정되어 조금은 나아졌지만, 사실혼 관계에 있는 많은 가족이 법적 가족과 비교해서 여러 제약 속에서 살고 있습니다.

이처럼 가족의 의미는 변형되고, 그 범위도 점점 넓어지고 있습니다. 가족을 법적인 관계로만 정의하면 사회 곳곳에서 온갖 문제가 발생합니다. 서로 친밀하고 돌봄을 주고받는 관계로 유연성 있게 해석하고, 법도 바뀌어야만 새로운 가족을 두 팔 벌려 품을 수 있을 것입니다.

그러나 새로운 가족의 형태와 함께 새로운 문제도 발생하고 있습니다. 전 세계에서 손꼽을 정도로 빠르게 근대화를 이뤄낸 대한민국은 대가족이 해체되면서 부부 사이에 자녀가 없거나 미혼 자녀만으로 구성된 '핵가족'이 일반적인 형태로 자리 잡았습니다. 그러나 급격한 시대 변화 속에서 핵가족을 넘어서 지금은 '1인 가구'가 빠르게 늘어나고 있습니다. 1인 가구는 사회적으로 고립되고 고독사할 위험이 크기에 문제가 되고 있습니다.

그리고 높은 물가와 취업난으로 부모에게서 독립하지 못하고, 부모에게 많은 것을 의지하는 '캥거루족'이라 불리는 청년도 늘어나고 있습니다. 부모의 처지에서는 자녀를 부양하는 기간이 길어질수록 노후 대책을 세우기 어려워집니다. 잘못하면 자녀를 도우려다 부모와 자녀가 경제적으로 같이 무너질 수도 있습니다.

전통적으로 부모를 공경하고, 자녀가 부모의 노후를 부양해야 한다는 인식은 거의 사라졌습니다. 부모에게 생활비를 드리는 자녀는 많지 않고, 어버이날이나 생신 등 특별한 날에 용돈을 드리는 경우가 대부분입니다. 이마저도 먹고 살기 빠듯해서 못하는 자녀도 있습니다.

성실하게 일해서 저축한 돈으로 집을 마련한다는 사회적 약속도 더 이상 청년들에게 통하지 않습니다. 집값이 너무 올라서 월급을 단 푼도 쓰지 않고 수십 년 동안 돈을 모아야만 집을 살 수 있는 상황입니다. 각자도생이 화두인 세상에서는 가족 간의 끈끈한 유대감도 쉽게 끊어질 수 있습니다.

대한민국은 삶의 주기에서 겪을 수 있는 다양한 위험들로부터 국민을 보호해 주는 '사회안전망'이 다른 나라와 비교해서 부실합니다. 정년까지 회사에 다닐 수 있는 사람은 극소수이며, 자녀의 교육비와 집값 등으로 노후를 제대로 준비하지 못하는 사람이 많습니다. 여유롭지 않은 현실 속에서 부모와 자녀 모두 냉정해지고 있습니다.

〈애프터 양〉은 우리에게 가족이란 무엇인지 자연스럽게 질문을 던집니다. 새로운 가족의 등장은 우리 사회에 많은 변화를 불러오기에 꼭 고민해 봐야 할 문제이자 풀어야 할 숙제입니다.

# 가족만큼 소중한 반려동물

〈애프터 양〉에서 미카에게 양은 인공지능 로봇이 아니라 친오빠와 같은 존재입니다. 하지만 제이크와 키라는 양을 마치 반려동물처럼 대합니다. 제이크와 키라는 양이 고장 나자 필요한 부품만 구하면 양을 고칠 수 있다고 쉽게 생각하지만, 결국 양을 되살릴 수 없게 됩니다.

제이크와 키라는 슬픔에 빠진 미카를 위해 대신 물고기를 선물합니다. 미래를 묘사한 영화에서도 반려동물은 인간의 외로움과 슬픔을 달래주는 친구입니다.

기관마다 조금씩 다르지만, 한국농촌경제연구원(KREI)에 따르면 국내 반려동물 인구 비율은 2010년 17.4퍼센트에서 2020년 27.7퍼센트로 증가했습니다. 2023년 기준으로 약 1,500만 명이 반려동물을 키우고 있습니다.

그리고 1인 가구가 증가하면서 반려동물을 키우는 사람도 많이 늘어났습니다. 혼자 사는 외로움을 반려동물로 이겨내는 경우가 많기 때문입니다. 2024년 5월, 행정안전부의 발표에 따르면 전국 1인 가구 세대수는 약 1,000만 명으로 집계됐습니다.

반려동물을 키우는 사람들이 늘어나면서 동물 복지에 대한 인식도 높아졌지만, 여러 문제도 발생하고 있습니다. 가장 쉽게 볼 수 있는 문제가 '개 물림 사고'입니다. 개 물림 사고는 위험한 품종의 개임에도 입마개를 하지 않거나, 목줄을 하지 않은 채 산책을 하다가 종종 발생합니다. 누구에게나 일어날 수 있는 개 물림 사고는 연간 2,000여 건이 발생합니다.

동물보호법 시행규칙에 따르면 반려견의 보호자는 산책 시 목줄의 길이를 2미터 이내로 채워야 하고, 맹견으로 분류된 개는 입마개를 해야 합니다. 만약 반려견이 사람을 다치게 하면 과실치상으로 해당 반려견 주인에게 500만 원 이하 벌금이나 구류(교도소 내 가두는 것으로 1일 이상 30일 미만) 또는 과료(일정 금액 지급을 강제로 부담하게 하는 벌로 2천 원 이상 5만 원 미만)에 처할 수 있습니다.

또한 반려동물의 진료비와 관련한 사회갈등도 있습니다. 반려동물을 키운다는 건 아기를 키우는 일과 비슷합니다. 육아에는 국가적인 지원이 있지만, 반려동물은 철저히 개인의 영역입니다. 아기가 아프면 병원에 가듯이 반려동물이 아프면 주인은 바로 동물병원으로 뛰어갑니다. 여러 병에 걸리지 않도록 예방주사를 맞는 건 기본입니다.

그러나 반려동물의 진료비는 의료보험 혜택을 받을 수 없습니다. 반려동물의 질병은 조기에 발견하기 힘들어서 상황이 심각해졌을 때 치료하는 경우가 많고, 그런 탓에 큰 비용이 나갈 수밖에 없습니다. 이러한 어려움을 해소하고자 반려동물의 진료비를 일부라도 지원하거나 부가세를 면제하는 방안이 나오지만, 반려동물을 키우지 않는 사람들이 강력하게 반발하고 있습니다.

마지막으로 반려동물을 향한 폭력도 심각한 사회문제가 되고 있습니다. 반려동물은 사랑과 책임을 지고 키워야 하는 생명임에도 성적으로 학대하거나 폭력을 행사하는 끔찍한 범죄가 일어나기도 합니다. 현행법 체계에서는 동물을 성적으로 학대하는 행위에 대해 구체적으로 규정하지 않았기에 법적인 처벌이 어렵습니다. 미국과 독일 등 주요 선진국에서는 이러한 행위를 명백한 범죄로 규정하고 처벌을 강화하고 있습니다. 왜냐하면 동물에 대한 범죄는 인간을 대상으로 하는 범죄로 연결 되는 경우가 많기 때문입니다.

이처럼 반려동물에 의한 사회문제는 앞으로 더 자주 발생할 수 있습니다. 이제 우리나라도 반려동물을 키우 는 사람들을 위한 올바른 교육과 사회 제도가 필요할 때 입니다.

# 04
# 외로움을 느끼는 사회
## 〈김씨 표류기〉

"희망, 그것은 백 년 만에
들어보는 단어입니다."

# 사회가 만든 은둔형 외톨이

영화 〈김씨 표류기〉의 주인공 남자 김씨는 2억 원이 넘는 채무에 시달리다가 한강에 투신하지만, 다행히 밤섬으로 떠내려가게 됩니다. 이 모습을 맞은 편에서 디지털 카메라를 통해 지켜보는 여자 김씨는 '은둔형 외톨이'입니다. 그녀는 학창 시절 얼굴에 있는 얼룩 모양의 흉터로 괴롭힘을 당하여 3년째 은둔형 외톨이로 지내고 있습니다.

남자 김씨가 섬에 고립된 것처럼, 여자 김씨는 자신의 방에서 고립된 채 다른 사람의 사진을 도용해 미니홈피를 꾸미거나 달 사진을 찍는 게 취미입니다. 자신이 현실에서 도피하고 있다는 사실을 인지하며 컴퓨터를 켜는 걸 '출근'이라 표현하고, 밥을 먹고 나서 제자리걸음을 하며 나름대로 운동도 합니다. 여자 김씨는 달은 사람이 아무도 살지 않아서 외롭지 않다고 생각하고, 민방위 훈련으로 길거리에 사람들이 사라지면 달처럼 느껴져서 좋아합니다.

'히키코모리(引き籠もり)'라고 불리기도 하는 은둔형 외톨이는 일본에서 1990년대 거품 경제가 꺼지면서 점점 심각한 사회문제로 발전했습니다. 집에서 아예 나가지 않는다는 건 사회의 활력을 떨어뜨리고, '소비'로 대표되는 자본주의 사회의 중심을 흔들 수도 있습니다. 최근 일본 경제가 회복하는 모습이지만 은둔형 외톨이 문제는 쉽게 해결되지 않고 있습니다. 왜냐하면 '잃어버린 30년'이라고 불리는 경기침체가 길어지면서 은둔형 외톨이가 늘어났고, 이들의 고령화도 동시에 진행되고 있기 때문입니다.

전 세계적으로 개인주의가 널리 퍼지고 있지만, 그럼에도 불구하고 일본에서는 아직 전통과 집단을 중시하는 분위기가 강합니다. 일본인은 공동체 안에서 조화롭게 사는 걸 가장 큰 행복이라 생각합니다. 그런 탓에 일본에서는 남에게 폐를 끼치면 안 된다는 '메이와쿠(迷惑)'라는 사고방식이 뿌리 깊게 자리 잡고 있습니다. 또한 공동체의 조화를 깨뜨리는 사람을 벌주고 응징하기 위해 왕따를 의미하는 '이지메'를 가하기도 합니다.

일본인은 자신이 메이와쿠를 끼쳤다고 판단하면 은 둔형 외톨이가 됩니다. 일본 사회는 새로운 걸 쉽게 받 아들이지 않으며, 안정과 유지를 강조합니다. 이러한 경 직된 일본 사회의 분위기가 은둔형 외톨이의 확산에도 영향을 미쳤을 것입니다.

2023년, 일본 정부는 15~64세 인구의 2퍼센트에 해 당하는 146만 명이 6개월 이상 방이나 집을 거의 나가지 않는 은둔형 외톨이로 추산했고, 저출생 문제와 더불어 경제의 활력을 떨어뜨리는 원인으로 분석했습니다.

은둔형 외톨이는 일본뿐만 아니라 우리나라를 포함 하여 전 세계에서 볼 수 있는 현상입니다. 청소년 은둔 형 외톨이는 학교조차 가지 않고 방 안에만 있고, 성인 은둔형 외톨이는 장기 미취업 상태로 머무르는 경우가 많습니다.

우리나라에서는 2023년 기준으로 고립·은둔 청년이 54만 명에 이르며, 13~18세 청소년은 약 14만 명으로 추정된다고 발표했습니다. 통계에 잡히지 않은 청소년 이 있다는 사실을 고려하면 숫자는 더 늘어날 것입니다. 대한민국 청소년이 집 안이나 방 안에 은둔하는 원인은 다양합니다. 학교폭력과 경쟁적인 교육 환경, 코로나19 이후 대인관계의 어려움 등이 대표적입니다.

누구나 은둔형 외톨이가 될 수 있습니다. 자신이 원하던 대학에 떨어지거나, 취업에 실패하면 스스로 고립을 선택할 수도 있습니다. 은둔형 외톨이가 늘어날수록 사회의 손실도 커질 수밖에 없습니다. 은둔형 외톨이를 조기에 찾아내 따뜻한 시선으로 해결할 필요가 있습니다.

# 타인의 삶을 엿보는 관음증

〈김씨 표류기〉의 여자 김씨는 밤섬에 고립된 남자 김씨를 도와주려고 합니다. 그리고 남자 김씨를 보면서 희망을 품고 은둔형 외톨이의 삶에서 조금씩 벗어납니다.

타인의 삶에 전혀 관심이 없던 여자 김씨가 먼저 남자 김씨에게 인사를 건네며 그가 그토록 먹고 싶어 한 자장면까지 배달 시켜준 배경에는 관음증이 있습니다. 〈김씨 표류기〉에서 관음증은 따뜻하고 긍정적으로 표현되었지만, 우리가 사는 현실에서는 심각한 폭력으로 이어지는 게 대부분입니다.

우리는 결코 혼자서 살아갈 수 없습니다. 인간은 사회적 동물이기에 타인에 대한 관심과 공감 능력이 꼭 필요합니다. 게다가 타인을 훔쳐보는 행위는 인류가 사냥을 통해 생존하던 시절부터 이어집니다. 그 시절 인간은 풀숲이나 바위 뒤에 숨어서 정확한 순간에 사냥감을 덮쳐야 사냥에 성공할 수 있었습니다. 이처럼 타인의 삶을 궁금해하는 건 인간의 자연스러운 본능이기에 관음증 역시 정당성을 얻을 수도 있습니다.

그러나 지금처럼 스마트폰이 보급되고 자신의 일상을 소셜미디어에 자유롭게 올리는 시대에 관음증은 심각한 사회문제로 떠오를 때가 많습니다. 단순히 타인의 삶을 엿보고 그 삶을 응원하며 누군가의 어려움에 공감하는 순기능에서 그치지 않고, 타인의 삶을 완전히 망가뜨리는 행위가 자주 일어납니다. 일부 몰지각한 사람들로 인해 소셜미디어는 비뚤어진 관음증을 충족하는 수단으로 악용되기도 합니다.

예를 들어 연예인이 유흥업소를 드나들고 마약까지 했다는 의혹이 알려지면 소셜미디어를 중심으로 온갖 비난이 쏟아집니다. 사실이 아닌 의혹 단계임에도 불구하고 비판의 수위는 점점 올라가고, 높은 조회수를 원하는 일부 언론의 선정적인 기사는 대중들의 관음증을 증폭시킵니다.

연예인은 대중의 지속적인 관심을 받아야만 인기를 유지하며 경제생활을 이어갈 수 있습니다. 연예인이 대중으로부터 부와 명예를 얻는 만큼, 많은 사람이 연예인의 잘못된 행동에 대한 비판도 정당하다고 생각합니다.

연예인의 이미지는 스스로 만들기도 하지만, 대중이 만드는 부분이 더 큽니다. 연예인의 부와 명예 역시 특정 작품이나 창작물의 소비로 형성되지만, 연예인이라고 해서 모든 사생활이 대중에게 드러나야 하는 게 아닙니다. 개인의 사생활은 철저히 보호되어야 합니다.

최근 마약 혐의로 대중의 따가운 질타를 받던 한 연예인이 스스로 목숨을 끊는 일이 있었습니다. 많은 사람의 비판과 언론의 지나친 기사화와 수사기관에서 흘러나온 정보까지 더해져 그는 갈 곳을 잃었습니다. 모두가 '나쁜 놈'이라 손가락질하는 현실 속에서 그 연예인은 살아갈 이유를 잃어버렸습니다. 우리의 지나친 관음증만이 원인이라고 할 수는 없지만, 잘못된 관음증이 얼마나 위험한지 잘 보여주는 사례입니다.

# 악성 댓글과 비판은 종이 한 장 차이

〈김씨 표류기〉에서 남자 김씨의 삶을 관찰하며 조금씩 세상 밖으로 나오고 있던 여자 김씨는 어느 날 자신의 미니홈피에 남겨진 수많은 악성 댓글(악플)을 보며 절망합니다. 그리고 같은 학교에 다녔던 인물이 남긴 악플에 완전히 무너져 내립니다. 다시는 생각하고 싶지 않은 아픔을 후벼팠기 때문입니다.

여자 김씨는 3년 동안 은둔형 외톨이로 지냈지만, 무절제하고 불규칙한 삶을 살지 않았습니다. 생활 규칙을 세우고 정해진 시간에 일어나서 하루를 시작합니다. 그녀가 사람들과 마주하는 걸 피하며 자신만의 섬에 갇혀 지내는 건 어린 시절의 아픔 때문입니다. 악플은 그 아픔을 다시 마주하게 했습니다.

악플과 비판은 종이 한 장 차이이고, 악플을 다는 사

람은 나름의 이유로 자신의 행위를 정당화합니다. 하지만 악플은 누군가를 해치는 심각한 사회문제입니다. 악플과 관련하여 대책도 만들어졌지만, 여전히 익명성 뒤에 숨어서 거침없이 악플을 남기는 사람들이 많습니다.

2022년, 연세대 바른ICT연구소는 악플로 인한 사회·경제적 비용이 연간 35조 3,480억 원에 이른다고 발표했습니다. 연구 결과에 따르면 불안과 우울로 상실된 기회 비용이 약 28조 원으로 가장 많았습니다. 악플을 다는 일부 사람들로 인해 국내총생산(GDP)의 약 1.7퍼센트에 달하는 막대한 사회적 비용이 발생하고 있는 셈입니다.

악플은 연예인이나 정치인 등 유명인에게만 향하는 게 아닙니다. 악플의 대상은 심각한 트라우마를 겪고 있는 사람들에게도 향합니다. '이태원 참사'로 소중한 친구를 잃은 10대 생존자가 무분별한 악플로 인해 홀로 숨지는 일도 있었습니다. 혼자 살아남았다는 죄책감과 악플에 의한 트라우마가 더해진 슬픈 결과입니다.

네이버와 같은 포털 사이트에서는 악플의 문제점을 인지하고 댓글 작성에 많은 제한을 두고 있지만, 악플을 완전히 차단할 수는 없었습니다. 2020년에 네이버·카카오·네이트 등의 포털 사이트는 유명인을 향한 악플을 막기 위해 연예·스포츠 뉴스에서 댓글 작성을 금지했지만, 악플을 달 수 있는 온라인 공간은 너무나도 많습니다.

무거운 벌을 받을 수 있음에도 악플은 끊임없이 달립니다. 현행법상 악플로 모욕죄가 인정되면 1년 이하 징역이나 금고(禁錮) 또는 200만 원 이하 벌금에 처해질 수 있습니다. 정보통신망법상 사이버 명예훼손죄가 인정되면 3년 이하 징역 또는 3,000만 원 이하 벌금을 선고할 수도 있으며, 악플의 내용이 허위일 경우 처벌 수위는 더 높아집니다.

악플의 핵심 피해자인 연예인들이 강하게 대응하며 선처는 없다고 밝혀도 악플은 사라지지 않습니다. 사실상 특정 연예인에게 악플을 단 작성자를 찾아 처벌하는 수준에 그치고, 법의 처벌 역시 정말 심각한 악플이 아니면 벌금형에 그치는 경우가 대다수입니다. 여전히 악플을 가볍게 여기고 당연한 권리처럼 생각하는 이들이 많습니다.

자신의 분노와 불만을 표출하는 수단으로 악플을 선택하고, 그 대상으로 연예인이나 정치인, 일반인 등을 지목해 공격하는 모습은 일상이 되어가고 있습니다. 누군가를 향한 비판이 다수의 사람에게 공감받으면, 자신의 판단이 '정의'라고 착각하고 더 강한 표현으로 이어지는 악순환이 반복됩니다.

　민주주의 사회는 표현의 자유라는 가치가 있지만, 타인을 향한 폭력은 정당화될 수 없다는 사실을 명심해야 할 것입니다.

# 05
# 진실보다 더 중요한 것
## 〈찌라시: 위험한 소문〉

"알고 싶은 게 뭔데?
내가 듣게 해주지."

# 근절되지 않는 가짜뉴스

여러분은 '찌라시'라는 단어를 들어보셨나요? 찌라시는 어떤 주장이나 사물의 가치 따위를 여러 사람에게 전하거나 알리기 위해서 만든 종이쪽지를 속되게 이르는 단어로 주로 증권가에서 사용했습니다.

2014년에 개봉한 영화 〈찌라시: 위험한 소문〉은 제목 그대로 증권가의 찌라시를 소재로 만든 스릴러 작품입니다. 이 작품을 통해 우리는 온라인에 쏟아지는 정보를 어떻게 수용하고, 왜 비판적 사고가 필요한지 느낄 수 있습니다.

찌라시보다 더 익숙한 단어는 '가짜뉴스'입니다. 민주주의 사회까지 무너뜨릴 수 있는 가짜뉴스는 그만큼 많이 유통되고 그에 따른 부작용이 심각합니다. 2000년대 초반부터 본격적으로 등장하기 시작한 가짜뉴스는 페이스북과 트위터 등 소셜미디어의 전 세계적인 확산과 함께 우리에게 알려졌습니다.

가짜뉴스란 무엇일까요? 가짜뉴스는 어떤 의도나 목적을 가지고 왜곡이나 날조 등을 통해 고의로 만들어 낸 거짓 정보를 의미합니다. 소셜미디어뿐만 아니라 일부 언론 기사에서도 만날 수 있고, 개인이 아니라 조직적으로 생산되고 유통되기도 합니다. 가짜뉴스를 만들어 내는 가장 큰 이유는 금전적인 이득 때문입니다. 자극적인 내용으로 가짜뉴스를 만들고 소셜미디어에서 높은 조회수를 기록하면 자연스럽게 수익 창출로 이어집니다.

가짜뉴스는 인간의 확증편향에 기댑니다. 사람은 자기가 보고 싶어 하고, 자기가 믿고 싶은 것만 믿으려는 경향이 있습니다. 내 취향대로 정보를 선별해서 받아들이기도 하고, 첫인상이 그 사람의 모든 걸 보여주지 않음에도 전부라고 판단합니다.

판단의 주재료가 되는 기억은, 사람들의 경험을 통해 만들어집니다. 각자의 경험이 다르기에 기억도 다르고, 기억이 다르기에 판단도 다릅니다. 그래서 인간 사회에선 편향과 편견이 생기고, 같은 정보라 해도 서로 다른 진실이 생길 수밖에 없습니다. 자신의 가치관이나 신념에 부합하는 정보만 주목하고, 나머지는 무시하거나 틀

렸다고 생각하는 사고방식이 가짜뉴스가 사라지지 않고 오히려 더 확산되는 배경 중 하나입니다.

내가 알고 있는 사실과 다르다는 이유만으로 가짜뉴스로 규정할 때도 많습니다. 대부분 가짜뉴스는 조금만 검색하면 '가짜'임을 확인할 수 있지만, 이러한 과정을 거치는 사람은 많지 않습니다. 온라인에 올라온 정보를 '팩트 체크'도 없이 그대로 받아들이는 것은 매우 위험합니다.

가짜뉴스는 가벼운 것도 있지만, 대부분 개인과 사회를 멍들게 만듭니다. 가짜뉴스를 제작하고 유포하는 자들은 사회의 불신과 혼란을 조성하여 목적을 달성하려고 하기에 반드시 근절되어야 합니다.

그러나 인공지능 기술이 발전하면서 가짜뉴스도 더욱 교묘해지고 있습니다. 얼굴을 합성하는 딥페이크뿐만 아니라, 음성을 변조하고 합성하는 '딥보이스' 기술까지 더해져 가짜뉴스가 '진짜'처럼 보이기도 합니다. 검찰이나 경찰 등 수사기관에서는 이제 최첨단 기술을 활용한 가짜뉴스까지 찾아내야 하는 상황입니다.

가짜뉴스는 수사기관에서만 대비하는 게 아닙니다. 개개인이 가짜뉴스를 그대로 받아들이지 않기 위해서는 '미디어 리터러시' 능력이 필요합니다. 개인과 사회

모두 가짜뉴스를 근절하기 위해 노력해야만 민주주의 사회의 붕괴와 균열을 막을 수 있습니다.

여러분은 가짜뉴스에 얼마나 잘 대비하고 있나요?

# 누가 악성 루머를 퍼트리는가?

〈찌라시: 위험한 소문〉에서 잘 나가는 인기 여배우 최미진과 그녀의 매니저 이우곤은 무명 시절부터 함께 해온 최고의 콤비입니다. 어느 날 최미진은 자신이 유명 정치인과 몰래 만나고 있다는 글을 보고 충격을 받습니다.

이 글은 유명 정치인을 끌어내리기 위한 찌라시에 불과했지만, 악성 루머는 '스캔들'이라는 이름으로 빠른 속도로 퍼져나갑니다. 결국 최미진은 활동을 중단해야 했고, 그녀를 위로하려고 최미진의 집을 방문한 이우곤은 그 자리에서 얼어버립니다. 억울한 상황 속에서도 미소를 잃지 않았던 최미진이 극단적인 선택을 했기 때문입니다.

영화 속 모습은 현실에서도 쉽게 나타납니다. 연예계

를 중심으로 확인되지 않은 정보는 언제나 존재하고 있으며, 악성 루머가 되어 누군가를 괴롭힙니다. 악성 루머는 대상을 파멸로 이끌 수 있는 강력한 힘을 가진 수단입니다. 익명의 사람으로부터 시작된 거짓 정보는 온라인 커뮤니티와 언론 등을 통해 증폭되며 진실로 변합니다.

일본어에서 파생된 찌라시는 1980년대 증권가에서 기업 정보 수집을 위해 만든 것으로 알려져 있으나 2000년대 들어서는 연예계 루머의 온상으로 비판받았습니다. 연예인의 특정 행위가 엔터테인먼트 주가에 영향을 미치기에 자연스럽게 연예인 찌라시가 만들어졌지만, 많은 여자 연예인이 자극적인 내용으로 고통받았습니다. 소셜미디어의 등장으로 악성 루머는 더욱 넓고 빠르게 퍼졌습니다.

그리고 대한민국의 대표 기업이라 해도 과언이 아닌 한 대기업 회장이 사망했다는 찌라시에 많은 사람이 충격에 빠지기도 했습니다. 청와대에 보고가 들어갔다는 설까지 더해져 찌라시는 계속 확대되었습니다. 해당 대기업이 나서 '사실무근'이라 밝혔지만, 이 찌라시로 회사의 주가가 출렁였고 손해를 본 사람들도 많았습니다. 찌라시가 만든 악성 루머가 얼마나 위험한지 잘 보여주는 사례입니다.

지금 우리는 그 어느 때보다 정보가 중요한 시대에 살고 있습니다. 과거처럼 소수의 권력자만 중요한 정보를 독식하던 시대가 아니고, 스마트폰을 통해 누구나 쉽게 정보를 접하고 공유할 수 있는 시대이기에, 악성 루머의 위험성은 더 커집니다.

악성 루머는 단순히 정치인이나 연예인만 괴롭히지 않습니다. 우리 주변의 왜곡된 정보도 얼마든지 악성 루머로 변하여 우리에게 향할 수 있습니다. 한 명이 거짓말을 하면 믿지 않지만, 세 명 이상이 똑같은 거짓말을 하면 '진실일지도 모른다'라고 생각하는 게 인간의 기본 심리입니다.

영화에서 이우곤은 끝까지 찌라시를 유포한 이들과 싸웁니다. 그러나 현실에서 잘못된 정보로 악성 루머에 휘말린 연예인은 일방적으로 당할 수밖에 없습니다. 대부분 연예인에게 소속사와 매니저, 언론 담당자가 있지만, 대기업이나 정부 관계자들의 힘과 비교하면 역부족입니다. 유명 연예인도 악성 루머에 취약한데, 다수의 일반인은 얼마나 고통스럽고 힘들까요?

찌라시는 고급 정보가 아니라 악성 루머일 가능성이 훨씬 큽니다. 정보의 빠른 습득을 통한 사익 추구 혹은 단순한 호기심 충족 수단이 아니라, 한 사람의 인격을 파괴하고 사회를 들썩이게 할 정도로 심각한 문제가 될 수 있습니다. 큰 범주에서 가짜뉴스라 할 수 있는 찌라시와 악성 루머가 우리 사회에 끼치는 해악을 생각해야 할 때입니다.

# 표현의 자유는 어디까지 보장해야 하는가?

〈찌라시: 위험한 소문〉에는 표현의 자유가 있습니다. 쪽지에 글귀를 적는 사람도, 찌라시 유통업자도, 찌라시의 첫 유포자도 민주주의 국가에서 보장된 표현의 자유를 바탕으로 움직입니다. 표현의 자유는 어디까지 보장되어야 할까요? 개인의 건강한 삶과 사회를 망치는 표현까지 '자유'로 인정해야 할까요?

대한민국 헌법 제21조 1항에는 "모든 국민은 언론·출판의 자유와 집회·결사의 자유를 가진다"라고 명시되어 있습니다.

우리는 사상과 의견을 자유롭게 표명하고, 그것을 전파할 자유를 가지고 있습니다. 이러한 자유는 인간의 존엄성과 가치를 유지하고, 국민의 주권을 실현하는 데 꼭 필요하기에 헌법으로 보장합니다.

그러나 표현의 자유는 수많은 가치보다 늘 앞서는 것은 아닙니다. 다른 사람이나 사회 공동체에 피해를 주는 표현의 자유는 허용되지 않습니다. 대한민국 헌법 제21조 1항은 표현의 자유를 보장했지만, 4항에는 타인의 권리나 명예 또는 공중도덕이나 사회윤리를 침해하거나, 국가 및 공공질서를 교란하는 선동을 해서는 안 된다고 나와 있습니다.

표현의 자유는 절대적인 기본권이 아니라 헌법 제37조 2항에 의해 국가안전보장, 질서 유지 및 공공복리라는 목적을 위해 필요한 경우에 법률로 제한될 수도 있습니다. 여기서 공공복리는 개인의 사적 이익보다 앞서는 국민 공동의 이익을 말합니다.

우리가 자주 접속하는 인터넷 게시판을 한번 떠올려 보세요. 인터넷 게시판은 자유로운 소통이 필수입니다. 자신을 드러내지 않고 익명성이 보장될 때 사람들은 자유롭게 소통할 수 있습니다. 악성 루머나 악플 등 여러 문제를 막기 위해 모두 본명을 써야 한다면 어떤 일이 발생할까요? 인터넷에서 자유로운 소통이 완전히 사라질 것입니다.

대법원에서는 '인터넷 게시판의 속성 자체가 익명성의 보장으로 인한 무책임성과 강력한 전파력을 갖고 있다'라며 규제의 필요성을 인정하고 있습니다. 자유로운 소통도 중요하지만, 익명성이 우리 사회를 망가뜨리지 않도록 적절한 규제는 필요합니다.

지금 온라인에서는 표현의 자유를 악용하는 사례가 빈번하게 발생하고 있습니다.

가장 대표적인 사례는 연예인에 대한 악플일 것입니다. 연예인이 대중의 관심과 사랑을 통해 일반인보다 훨씬 많은 돈을 번다는 이유만으로, 연예인에 대한 악플을 합리화할 수 있을까요? 잘못된 마녀사냥으로 인해 누군가가 결코 해서는 안 될 선택을 하는 걸 보고도, 연예인이나 특정인에 대한 비난이 시작되면 언제 그랬냐는 듯이 비난에 열을 올리는 경우도 많습니다. 연예인도 일반인과 마찬가지로 프라이버시 보호라는 인격권이 존재합니다. 연예인도 사람이기에 쉽게 상처받고 슬퍼할 수 있는 인간임을 명심해야 합니다.

또한 유튜브의 영향력이 커지면서 악의적이고 자극적인 허위 사실을 유포하는 '사이버 렉카'도 기승을 부리고 있습니다. 이들은 사실 확인에는 전혀 관심이 없고, 그저 돈벌이에만 혈안이 되어 있습니다. 그런 탓에 사람들이 관심을 보이는 사건이 발생하면 무조건 자극적인 콘텐츠로 만들어서 소비를 유도합니다.

사이버 렉카는 피해자가 고소해서 벌금을 내더라도, 자신의 수익이 더 크다고 생각하기에 콘텐츠 생산을 멈추지 않습니다. 과거에 '황색언론(독자의 시선을 끌기 위해 인간의 불건전한 감정을 자극하는 범죄나 성적 추문 등을 과도하게 취재해서 보도하는 저널리즘)'과 유명인의 숨겨진 모습을 사진에 담는 '파파라치'가 있었다면, 이제는 사이버 렉카가 있습니다.

연예인에 대한 악플 및 자극적인 콘텐츠로 사람들의 관심을 끄는 사이버 렉카의 행위가 표현의 자유로 보장될 수 있을까요?

표현의 자유도 중요하지만, 인격권의 보장은 더 중요합니다. 두 가치는 양립해야 하기에 적절한 균형이 필요합니다. 조금이라도 한쪽으로 치우치면 다양한 사회문제가 발생하거나, 사회구성원끼리 갈등이 벌어질 수 있습니다. 그러므로 사회적으로 규제하기 이전에 다른 사람의 주장을 배려하고 존중하며, 나만의 윤리 기준을 만들 필요가 있습니다.

모든 자유에는 책임이 따릅니다. 표현의 자유를 앞세워 누군가를 힘들게 하거나 다치게 하면, 그에 따른 책임도 온전히 그 사람에게 있습니다. 익명성은 자신의 정체를 숨기고 선을 넘는 비난을 하라고 있는 게 아닙니다. 권력자들의 억압과 감시를 피해 민주시민으로서 역할을 다하라고 보장되는 것입니다.

찌라시가 표현의 자유가 될 수 없듯이, 모욕과 혐오 역시 표현의 자유라 할 수 없습니다.

# 06
# 진정한 어른이 필요할 때
## 〈인턴〉

"진짜 어른과
어른 같은 대화를
나누는 것 같아요."

# 현실적인 대책이 필요한 저출생·고령화 문제

영화 〈인턴〉의 주인공 벤은 70세입니다. 그는 직장에서 은퇴하고 30세 CEO(최고경영자) 줄스가 운영하는 회사에 인턴으로 취직해서 비서로 다시 일하게 됩니다. 보통 인턴은 정식 직원이 되기 전 수습 기간에 있는 인물로 젊은 사람이 대부분입니다. 70세 인턴이 자식뻘인 30세 사장을 모신다는 건 현실에서 쉽게 일어나기 힘든 일입니다.

벤은 42년 동안 직장생활을 했습니다. 직장에서 치열하게 일하면서 부사장 직급까지 올랐지만, 정년퇴직 이후에는 취미생활 말고는 딱히 하는 일이 없었습니다. 자녀는 독립했고 아내는 세상을 떠났기에 혼자 조용히 살고 있습니다. 이처럼 은퇴 후 집에서 많은 시간을 보내는 벤의 모습은 앞으로 익숙한 풍경이 될 수 있습니다.

왜냐하면 저출생·고령화 문제가 심각하기 때문입니다.

2023년, 합계출산율(한 여성이 15~49세에 낳을 것으로 기대되는 평균 출생아 수)은 0.72명까지 떨어졌습니다. 국회예산정책처에 따르면 저출생에 대응하기 위해 2006년 이후 지난해까지 총 379조 8,000억 원의 예산을 투입했지만, 전혀 효과가 없었습니다. 저출생의 원인이 워낙 다양하고, 파격적인 대책을 시행하더라도 그 효과는 긴 시간이 지난 이후에 확인할 수 있기 때문입니다.

현재 우리나라는 저출생으로 인해 전체 인구에서 노인이 차지하는 비율이 급격히 늘어나고 있습니다. 65세 이상 노인은 1970년에는 전체 인구의 3퍼센트였지만, 2018년에 10퍼센트를 넘었고 2025년에는 20퍼센트를 돌파해 1,000만 명을 넘어섭니다. 유엔(UN)은 전체 인구에서 노인이 차지하는 비율이 10퍼센트를 넘으면 고령사회, 20퍼센트를 넘으면 초고령사회로 분류합니다. 지금 같은 속도로 고령화가 진행되면 2035년에는 30퍼센트를 넘어설 것으로 예상됩니다. 노인 인구가 늘어나는 만큼 이들을 부양해야 할 국가의 부담은 증가합니다.

게다가 노인빈곤율도 심각합니다. 2020년 기준으로 대한민국에서 66세 이상 노인의 40퍼센트가 빈곤에 시달리고 있습니다. 경제협력개발기구(OECD)의 평균 노인빈곤율은 14.2퍼센트에 불과합니다. 기초노령연금을 도입하는 등 노인빈곤율을 낮추기 위해 정부 차원에서 큰 노력을 하고 있으나, 길거리에서 폐지를 주워 생활비를 보태야 하는 노인들이 많습니다.

보건복지부가 2023년에 발표한 우리나라 국민의 기대수명은 83.6년입니다. '기대수명'이란 0세 출생자가 앞으로 생존할 것으로 기대되는 평균 생존 연수를 뜻합니다. 건강하게 오래 사는 건 분명 축복이지만, 풍족하지는 않더라도 인간답게 살 수 있는 경제력은 갖추고 있어야 합니다. 빈곤 속에서 오래 산다는 건 축복이 아니라 비극이 될 수도 있습니다.

〈인턴〉의 벤은 은퇴 후 회사에 다닐 때보다 더 바쁜 나날을 보냈습니다. 요가, 요리, 화초 재배, 중국어 등을 배우러 다녔습니다. 그동안 쌓인 항공 마일리지로 여행도 즐겼습니다. 그가 인턴으로 다시 직장생활을 시작한 건 사람들과의 소통에 대한 갈증과 사회 안에서 필요한 존재가 되고 싶었기 때문입니다.

그러나 벤과 달리 대한민국의 대부분 노인은 생존을 위해 일합니다. 저출생·고령화에 따른 수많은 문제로 인해 근로자의 법적 정년을 65세 이상으로 늘려야 한다는 목소리가 힘을 얻고 있습니다. 하지만 정년까지 일하는 사람은 극히 일부이고 대부분 비자발적으로 40~50대에 퇴직해서 자영업에 뛰어드는 게 현실입니다.

과거에는 노인들이 젊은 사람의 일자리를 빼앗는다고 생각했지만, 지금은 그러한 인식이 바뀌는 중입니다. 젊은 사람이라고 해서 반드시 노인보다 일을 잘하는 것도 아니고, 노인의 지혜와 경험이 필요한 일자리도 존재하기 때문입니다.

저출생·고령화 문제가 점점 심각해지면서 〈인턴〉의 벤과 같은 노인 직장인은 앞으로 일상적인 모습이 될 것입니다. 이제 아르바이트 시장에서도 노인을 쉽게 볼 수 있는 세상입니다. 다음은 정년 연장에 대해 좀 더 깊이 들어가 보도록 하겠습니다.

# 늙어도 쉴 수 없는 사회

〈인턴〉에서 벤은 70세 노인임에도 재취업에 성공합니다. 이를 보고 미국은 고용 안정성이나 고용 유연성이 뛰어난 나라로 생각하기 쉽지만, 미국은 한국보다 '쉬운 해고'가 가능한 나라입니다.

인류가 코로나19 바이러스로 힘들었던 시기에 일부 기업은 비대면 문화로 호황을 누렸는데, 엑스(구 트위터)나 메타 같은 소셜미디어 플랫폼과 아마존이나 구글, 마이크로소프트와 같은 빅테크(Big Tech)입니다. 빅테크는 정보기술 산업에서 가장 크고 지배적인 기업을 뜻합니다. 하지만 이러한 기업들도 코로나19가 끝난 후 비대면 문화가 사라지자 가차 없이 대규모 해고를 단행하기도 했습니다.

미국이 쉽고 자유로운 해고가 가능한 건 '임의 고용'

논리가 통용되기 때문입니다. 우리나라는 원칙적으로 강행법규에 근거해 해고를 제한하나 미국은 그렇지 않습니다. 고용주가 원하면 쉽게 노동자를 해고할 수 있습니다. 총 50개 주로 이뤄진 미국은 주마다 법이 다른데 대부분 주에서 임의 고용 제도를 시행합니다. 근로자를 해고하면서 휴업수당 지급 의무도 없습니다.

미국에 비해 고용 안정성이 높은 듯하지만, 한국의 노동자들도 늘 불안에 시달립니다. 정규직은 비정규직에 비해 상대적으로 조금 나을 뿐이지 언제든지 원치 않는 해고를 당할 수 있습니다. 여성의 경우 출산과 육아로 직장을 떠나면, 다시 복직하거나 정규직으로 재취업이 어려워서 출산을 미루거나 포기하는 경우가 많습니다. 그런 탓에 저출생 문제를 심화시키는 원인으로 작용하고 있습니다.

대한민국의 다양한 노동 문제 중 '정년 연장'은 세대 갈등의 핵심이었습니다.

과거에는 중장년층이 퇴직해야 청년층의 일자리가 생긴다고 생각했습니다. 중장년층은 조금이라도 더 일하고 싶어 정년 연장을 원했지만, 청년층은 정년 연장에 반대하는 여론이 높았습니다. 아직도 정년 연장에 대한 갈등이 존재하지만, 저출생·고령화에 따라 정년 연장이 필요하다는 목소리가 힘을 얻고 있습니다.

고령화 문제를 먼저 경험한 일본은 1998년에 60세로 정년을 의무화하고, 2006년부터 단계적으로 연장해서 2013년에는 65세로 정년을 높였습니다. 그리고 기업이 상황에 맞게 '정년 폐지' '정년 연장' '계속 고용 제도' 등을 선택하도록 했습니다. 우리나라도 저출생·고령화를 한 번에 해결할 수 없는 만큼 현실에 맞춰서 중장년층의 노동력을 활용할 필요가 있습니다.

대한민국은 구직난과 구인난을 동시에 겪고 있습니다. 많은 사람이 가고 싶어 하는 양질의 일자리가 부족해서 구직난이 생기고, 중소기업이나 건설직 등 상대적으로 기피하는 일자리에는 구인난이 생기며 불일치가 일어납니다. 내가 원하는 좋은 일자리가 아니면 차라리 집에서 쉬겠다는 니트족이 증가하면서 구인난과 구직난의 문제는 더 커지고 있습니다. 고용주는 기업을 제대로 운영하기 위해서 어떻게든 노동자를 구해야 하기에, 현재 많은 중소기업이 외국인 노동자를 통해서 이러한 문제를 해결하는 상황입니다.

최근 노동계는 청년 근로자가 감소하고, 숙련된 근로자가 부족한 점을 내세워 정년 연장이 필요하다고 주장합니다. 이에 반해 재계는 지금처럼 경직된 노동시장

구조에서 무리하게 정년을 연장하면, 청년 근로자의 채용 축소로 이어질 수 있다며 조심스러워하는 분위기입니다.

우리나라는 근속연수에 따라 임금이 증가하는 구조입니다. 근로자의 정년이 연장되면 그만큼 기업의 부담이 늘어날 수 있다는 우려가 있습니다. 또한 정년이 연장되면 대기업 근로자와 정규직과 달리, 상대적으로 열악한 중소기업 근로자와 비정규직의 대우는 더욱 나빠질 수도 있기에 신중하게 접근해야 합니다.

정년 연장 문제로 기업과 노동자가 항상 첨예하게 대립하는 것만은 아닙니다. 상호 합의를 통해 정년을 연장하는 곳도 있습니다. 정년을 연장하면서 임금도 무조건 올리는 게 아니라, 적정한 수준으로 맞춰서 기업의 부담을 늘리지 않는 식입니다.

58세였던 정년이 60세가 된 지 아직 10년이 되지 않았는데, 초고령사회가 성큼 다가오면서 65세로 정년을 연장하는 이야기가 나오고 있습니다. 영화 〈인턴〉에서 본 노인 노동자를 기업에서 자주 볼 수 있는 시대가 찾아오는 걸까요? 정년이 연장되면서 다양한 부작용이 생길 수도 있으니, 정년 연장을 일방적으로 고집하기보다는 다양한 형태의 재고용이 필요할 수도 있습니다.

〈인턴〉에서 70세 벤은 젊은 세대와 소통에서 큰 문제를 겪지 않습니다. 하지만 현실에서는 어떨까요? 세대 갈등에 대해서도 한번 알아보겠습니다.

# 꼰대가 상징하는 소통 문제와 세대 갈등

여러분은 '꼰대'라는 단어를 들어보셨나요? 이 단어는 어느 순간부터 꽉 막혔으며 소통이 잘되지 않는 사람을 부정적으로 표현하는 대명사가 되었습니다. 꼰대는 '라떼는 말이야(나 때는 말이야)'라는 식으로 자기 신념이나 생활 태도를 어린 사람에게 강요하고 가르치는 사람을 뜻합니다.

꼰대는 나이와 상관없습니다. 노인만 꼰대로 지칭하는 게 아니기에, 세상에는 '젊은 꼰대'도 존재합니다. 꼰대의 핵심은 대화하는 능력과 사고의 유연성입니다. 아무리 젊다 하더라도 타인의 의견을 경청하고 수용하지 못한다면, 그 사람은 젊은 꼰대라 할 수 있을 것입니다.

내 고민이나 아픔을 털어놓고 소중한 조언을 들을 수 있는, 존경할 만한 어른은 정말 찾기 힘들어졌습니다.

치열한 경쟁으로 청년세대부터 기성세대까지 먹고사는 문제를 해결하기 위해 죽을 때까지 노력해야 하는 상황입니다. 이처럼 삶의 여유가 없는 상황에서 꼰대는 세대 갈등을 상징적으로 보여주는 단어가 되었습니다.

과거에는 지식과 경험, 지혜를 가진 노인이 모두의 생존을 위해 꼭 필요했지만, 최첨단 IT 시대에는 청년들이 거꾸로 노인들에게 지식을 가르쳐야 하는 상황이 되었습니다. 이러한 상황 속에서도 삶의 지혜를 들려줄 수 있는 어른의 존재는 필요합니다.

〈인턴〉의 벤은 꼰대가 아닙니다. 사장인 줄스가 살아온 시간보다 더 많은 세월을 직장에서 보냈지만, 벤은 성숙한 신입사원의 모습으로 사람들을 대합니다. 그곳에서 자신보다 나이가 많은 직원이 단 한 명도 없음에도 불구하고, 항상 겸손한 태도로 하나하나 배우면서 회사에 적응해 나갑니다.

〈인턴〉에서 창업 1년 반 만에 220여 명의 직원을 둘 정도로 성공한 CEO 줄스가 사회 공헌 차원에서 65세 이상 노인을 대상으로 시니어 인턴십을 시작한 덕분에 벤을 만나게 됩니다.

줄스도 처음에는 벤을 꼰대로 느꼈을지도 모릅니다. 벤이 자기 경험을 바탕으로 이런저런 조언을 건네거나,

자신을 보는 모습이 마음에 들지 않아 벤의 업무를 변경하려고도 했습니다. 그러나 벤의 진정성 있는 태도를 보면서, 줄스는 업무뿐만 아니라 인간적으로도 벤을 신뢰하고 의지하게 됩니다.

현대인의 소통 문제와 세대 갈등을 상징하는 꼰대는 '무책임'을 의미하기도 합니다. 명백한 잘못에 대한 지적은 꼭 필요하고, 조직의 성장과 유지를 위해 가르침은 필수임에도 이를 꼰대질이라고 비하하는 사람들도 점점 늘어나고 있습니다. 꼰대라는 단어에는 우리 사회의 다양한 문제가 담겨 있다는 사실을 기억하시기 바랍니다.

# 사회에 만연한 성차별

여성 CEO 줄스는 회사를 경영하는데 모든 에너지를 쏟지만, 가정에서도 완벽하기 위해 노력합니다. 사랑스러운 딸에게 좋은 엄마이자, 전업주부가 된 남편에게도 좋은 아내가 되고 싶습니다. 하지만 어쩔 수 없이 가정까지 챙기지는 못합니다. 영화 속에서 우리는 여성에 대한 고정관념과 '성차별'을 만날 수 있습니다.

영국의 시사주간지 《이코노미스트》가 매해 '세계 여성의 날'을 기념해 발표하는 'OECD 유리천장 지수'에서 한국은 29개국 중에서 29위를 기록했습니다. 해당 통계를 발표하기 시작한 2013년부터 12년째 한국은 줄곧 최하위권에서 벗어나지 못하고 있습니다.

유리천장 지수는 고등교육, 노동 참여율, 성별 임금 격차, 양육비용, 출산·육아 휴가 권리, 관리직 여성 비율

등 10가지 지표를 종합해 도출합니다. 성별 임금격차는 31.1퍼센트 차이로 현격한 최하위를 기록했고, 관리직 및 임원 중에서 여성의 비율은 OECD 평균의 절반에도 못 미쳤습니다. 다른 나라에 비해 한국의 유리천장은 더 단단하고 뚫기 어렵습니다.

사회에 만연한 성차별은 대한민국 미래의 가장 큰 위협인 저출생 문제의 핵심 원인 중 하나입니다. 결혼과 출산으로 인해 계속 일하고 싶어도 일할 수 없고, 실력으로 더 높은 자리에 올라가고 싶어도 올라갈 수 없기 때문입니다. 평소에도 보이지 않는 성차별을 겪고 있는데 아이까지 태어나면 그 어려움은 더 커집니다. 육아는 부부의 공동 책임이지만, 실제 부담은 여성이 훨씬 많이 가지고 있습니다. 저출생 문제는 우리 사회가 평등하다는 확신이 생기지 않으면 절대 해결되지 않습니다.

2023년, 메리츠자산운용과 서스틴베스트가 국내 기업 350여 곳을 대상으로 성평등 지표를 분석한 결과 2022년 기준으로 전체 임직원에서 여성 직원의 비중은 평균 27.7퍼센트로 4분의 1을 차지했지만, 여성 임원의 비중은 8.8퍼센트 수준에 불과했습니다.

그리고 비슷한 일을 하면서도 여성은 남성에 비해 적은 임금을 받는 경우가 많습니다. 남성과 여성의 급여 비율은 1.55배까지 차이가 난다고 나왔습니다. 남성의 평균 급여가 여성보다 50퍼센트 이상 높은 셈입니다.

성차별은 법으로 엄격히 금지되어 있습니다. 채용이나 임금 등에서 발생하는 성차별은 '남녀고용평등법'으로 고용노동청에 신고할 수 있습니다. 하지만 이러한 제도가 있는지조차 모르는 사람이 많고, 실제로 신고하더라도 제대로 처벌이 이뤄지는 일은 거의 없습니다.

정부는 노동 현장에서 남녀 성차별을 막고 시대착오적인 남성 우월주의를 바로잡아야 할 의무가 있습니다. 아직도 사회 곳곳에 다양한 남녀 차별과 구조적인 문제가 남아 있습니다. 그래서 정부 차원의 노력도 중요하지만, 사회구성원의 인식을 개선할 필요도 있습니다. 인구가 감소하니까 여성도 군대에 보내야 한다는 주장도 있습니다만, 사회 제도를 개선해서 여성의 노동력을 제대로 활용하는 게 더 효율적이지 않을까요?

아이를 낳으면 국가가 키운다는 식의 획기적인 정책을 통해 여성들이 마음껏 일할 수 있는 환경을 만들어야 합니다. 경쟁과 압박이 심하고 성차별이 만연한 노동시장에서 여성은 경력 단절과 가사 노동을 함께 걱정해야 합니다.

사회의식의 변화는 느릴 수밖에 없습니다. 성차별을

없애기 위한 노력은 오랫동안 지속해 온 현재진행형이고 여전히 모두가 행복하고 평등한 세상은 오지 않았습니다. 〈인턴〉의 줄스는 회사의 창업자임에도 성차별을 경험하는데, 일반 여성 직장인들은 얼마나 많은 성차별을 경험할까요?

자신이 겪어 보지 않았다고 해서 성차별이 없는 게 아닙니다. 성차별이 사라지는 것은 여성과 남성 모두에게 좋은 일입니다. 성평등은 보편적인 가치입니다. 우리가 성차별을 없애기 위해 노력해야 하는 이유는 충분합니다.

# 07
# 노동자의 권리
## 〈송곳〉

"우리가 성공하면
모두가 성공할 것이고,
실패하면 아마도 우리만
실패할 겁니다."

# 비정규직이 늘어난 원인

드라마 〈송곳〉의 원작은 웹툰입니다. 이 작품은 한국에서 대형 마트 사업을 운영하던 프랑스계 유통 기업인 한국까르푸를 인수한 이랜드그룹에서 기존의 비정규직을 대량으로 해고하면서 당시 사회적으로 큰 반향을 불러일으킨 사건을 소재로 하고 있습니다.

〈송곳〉의 주인공은 비정규직이자 평범한 사람들입니다. 돈과 권력을 가진 회사에 저항하면서 노동조합을 조직하는 과정을 담고 있습니다. 현실에서도 비정규직은 정규직과 비슷한 일을 하지만, 다양한 차별을 받으며 살아갑니다.

비정규직은 언제부터 있었을까요? 1990년대 중반 대한민국은 '아시아의 용'이라 불리며 승승장구했습니다. 뉴스나 신문 기사에서 자주 들을 수 있는 OECD 회원국이 된 시기도 1996년 12월입니다. 하지만 선진국이 되기는커녕 1997년 11월에 국가부도 위기를 맞습니다. 외환보유고가 바닥나고, 외국자본의 이탈로 환율은 크게 올랐습니다. 절대로 무너지지 않을 거 같던 많은 대기업이 줄줄이 무너졌습니다.

정부는 국가부도를 막기 위해 국제통화기금(IMF)에 구제금융을 요청할 수밖에 없었습니다. 당시 김대중 정부는 예정보다 3년이나 빠른 2001년 8월 23일에 IMF에서 빌린 195억 달러를 모두 갚았지만, IMF 사태로 인한 상처와 부작용은 여전히 우리 사회에 남아 있습니다.

IMF 사태 이전까지 대한민국은 취업하면 정년까지 일할 수 있는 종신고용이 존재했습니다. 그러나 IMF 사태 이후 국가부도라는 급한 불을 꺼야 했던 정부는 비정규직 형태의 근로 방식을 허용했습니다. 그때 수많은 비정규직이 만들어졌고, 기업들은 IMF 사태를 극복한 후에도 종신고용으로 되돌아가지 않았습니다.

기업은 비용도 절감할 수 있고, 정규직보다 상대적으로 쉽게 해고하고 채용할 수 있는 비정규직을 마다할 이유가 없었습니다. 기업이 비정규직을 크게 확대하면서 당시 비정규직과 시간제 근로자의 최저임금을 뜻하는 '88만 원 세대'가 어마어마하게 늘어났습니다.

게다가 정규직과 비정규직의 갈등도 생겨났습니다. 정규직은 자신들이 가지고 있는 일자리와 복지 등을 지키고자 했고, 비정규직은 정규직과의 차별에 반발했습니다. 같은 노동자인 을과 을이 다투는 사이에 갑인 회사는 '노동시장 유연화'를 내세워 더 많은 비정규직 일자리를 만들었습니다.

2023년, 통계청의 조사에 따르면 비정규직 근로자는 전체 임금 근로자 중에서 37퍼센트를 차지하는 813만 명 정도로 나타났습니다. 통계에 잡히지 않는 숫자까지 더하면 한국의 비정규직 근로자는 훨씬 많을 것으로 예상됩니다.

그리고 인공지능 시대를 맞이하며 '플랫폼 노동'이 새롭게 탄생하면서 노동자의 근로 문제는 더욱 나빠질 수 있습니다. 플랫폼 노동이란 대리운전이나 배달대행 앱처럼 디지털 플랫폼에 소속되어 일하는 것을 말합니다.

플랫폼 노동자는 2023년 기준으로 292만 명에 달한다고 합니다. 플랫폼 노동자들은 대부분 노동법과 사회보장제도의 영향이 미치지 못하는 취약 집단에 속해 있는 경우가 많습니다.

게다가 플랫폼 노동자는 정식으로 고용된 게 아니라, 프리랜서처럼 특정 업무를 위탁받는 형태에 가깝습니다. 그런 탓에 건수마다 보수가 지급되기에 최저임금도 제대로 보장받지 못하는 경우가 많고, 일거리를 둘러싼 경쟁도 치열합니다.

기존의 비정규직 문제도 해결하기 어려운 상황에서 플랫폼 노동이라는 새로운 고용 형태까지 더해지면서, 일자리와 관련한 사회갈등은 앞으로 더 심각하게 일어 날 수 있습니다.

# 노동조합은 나쁜 것인가?

〈송곳〉은 대형 마트 비정규직 노동자들의 애환과 노동조합(노조)을 결성하는 과정을 담고 있습니다. 이수인 과장은 회사의 부당한 해고지시에 맞서 노조를 결성하는 인물입니다.

이수인 과장은 회사로부터 부하직원들을 해고하라는 압박을 받으며, 육군사관학교 생도 시절에 상관들의 부당한 지시에 항거한 자신의 모습을 떠올립니다. 그는 전형적인 노동운동가와는 거리가 멀지만, 회사의 잘못된 관행과 부당함에 원리원칙으로 맞섭니다.

〈송곳〉은 노조를 조직하기 어려운 '밑바닥 노동자'의 삶을 그립니다. 드라마의 주요 배경인 대형 마트는 1990년대 후반부터 경쟁적으로 생겨났고, 전업주부로 살던 많은 여성이 IMF 사태 이후 생활비를 벌기 위해

저임금과 비정규직이라는 열악한 조건을 가진 대형 마트의 일자리를 채웠습니다.

아직 사회에 진출하지 않은 청소년 여러분에게 노조는 굉장히 낯설고 부정적으로 느껴질 수도 있습니다. 왜냐하면 언론에서 노조는 대부분 회사에 피해를 주는 존재로 묘사되기 때문입니다. 일부 과격한 노조와 노조원은 있지만, 노조는 회사에 비해 힘이 약한 노동자들을 보호하기 위해 존재하는 것입니다. 그리고 헌법에 명시되어 있는 노동자들의 기본권이기도 합니다.

대한민국 헌법 제33조 1항에 따르면 근로자는 근로 조건의 향상을 위하여 '노동삼권'으로 대표되는 '단결권' '단체교섭권' '단체행동권'을 가질 수 있으며, 노동삼권의 주체는 직업을 불문하고 월급을 받으며 생활하는 모든 사람을 뜻합니다. 노동삼권은 노동자의 인간다운 생활을 보장하기 위해 규정되었습니다.

노동자가 단체를 결성하여 행동할 때, 국가나 회사는 부당하게 개입해서는 안 됩니다. 노동자는 열악한 근로 조건에서 벗어나기 위해 단결할 수 있습니다. 노조는 결코 악마도 아니고 사회악도 아닙니다.

헌법에 규정된 노동자들의 권리임에도 불구하고 많은 회사와 고용주는 노조를 싫어할 가능성이 큽니다. 고용주도 인간이기에 지시를 따르지 않는 노조에 불만을 가질 수 있습니다. 하지만 노동자의 노조 결성과 가입을 막는 것은 불법입니다.

대한민국 노동자의 노조 가입률은 13.1퍼센트로 OECD 회원국 중에서도 최하위 수준입니다. 기업의 규모가 클수록 노조 가입률은 올라가는 경향이 있는데, 30명 미만 사업장의 노조 가입률은 고작 0.1퍼센트로 사실상 노조가 없다고 봐야 합니다. 상대적으로 기업의 규모가 작을수록 저임금에 노동환경이 열악할 가능성이 큰 탓에 노동자의 권리를 보호하는 노조가 필요하지만, 현실은 정반대입니다.

또한 노조와 함께 '파업'을 부정적으로 바라보는 사람들도 많이 있습니다. 파업은 노동자의 이기적인 행동에 불과하고, 멀쩡한 회사에 큰 손실을 일으킨다고 생각합니다. 이러한 사람들은 노조와 파업이 없는 조용한 세상이 살기 좋은 곳이라고 판단합니다. 그러나 민주주의 사회는 시끄러울 수밖에 없습니다.

회사는 사회와 마찬가지로 구성원들 간의 견해가 일치하지 않아서 갈등과 봉합이 반복되는 곳입니다. 완벽한 회사도, 완벽한 사장도, 완벽한 노동자도 없습니다. 노동자와 고용주의 갈등은 자연스러운 일입니다. 그래서 노조가 존재하는 것입니다.

　뉴스에서 특정 노조가 빨간 머리띠를 두르고 파업과 투쟁에 나선 모습을 보고 인상을 찌푸려서는 안 됩니다. 왜 그들이 파업에 나섰는지 그 이유를 먼저 알아보고, 회사 측의 주장과 함께 비교한 다음에 생각을 정리할 필요가 있습니다. 대부분 노동자로 살아가는 현실 속에서 여러분도 언젠가 노조에 가입하거나, 때로는 파업에 동참할 수도 있기 때문입니다.

　〈송곳〉은 우리가 편견을 가질 수 있는 노동자들의 정당한 저항을 잘 보여주는 작품입니다. 다음은 임금체불에 대해서도 알아보겠습니다.

# 생계가 걸린 임금체불

〈송곳〉의 이수인 과장은 프랑스계 유통 대기업 푸르미에서 촉망받는 인물이었습니다. 하지만 회사의 일방적인 부당해고 지시를 거부하면서 조직 내 왕따로 추락합니다. 이수인 과장은 거기서 멈추지 않고 노조를 결성해 임금체불과 같은 노동자들의 권리를 챙기고자 합니다.

드라마 속 모습은 현실에서도 쉽게 볼 수 있는 사회문제입니다. 노동의 대가인 임금은 고용주가 근로자에게 반드시 지급해야 하는 의무입니다. 하지만 다양한 이유로 임금을 지급하지 않고 '임금체불'을 하는 경우도 존재합니다. 임금체불에 대한 처벌은 체불액의 30퍼센트 수준에 불과하여 비윤리적인 고용주는 임금을 주기보다 벌금을 내겠다는 잘못된 생각을 하기도 합니다. 선진국에서는 임금을 주지 않으면 체불이 아니라 사기 또는 절도라는 개념을 적용해서 강력하게 처벌합니다.

대다수 노동자는 임금을 제때 받아야 생활을 유지할 수 있습니다. 게다가 노동자는 경제 생태계에서 상품과 서비스를 구매하는 소비자이기도 합니다. 그러므로 경제가 제대로 돌아가려면 노동자에게 임금을 지급하는 게 중요합니다.

대부분의 임금체불은 30명 미만의 소규모 사업장에서 발생합니다. 대표적인 사례로 퇴직금을 산정할 때 고용주가 마음대로 각종 수당을 제외하고 낮은 금액을 지급하거나, 연차수당을 지급하지 않는 게 있습니다.

그리고 임금체불은 국가의 이미지에도 부정적인 영향을 미칠 수 있습니다. 현재 외국인 노동자에게 임금을 제때 주지 않는 고용주가 많습니다. 외국인 노동자의 임금체불액은 2022년에 신고된 것만 1,223억 원으로 추산되고, 평균 임금체불액은 약 663만 원입니다.

외국인 노동자는 한국인과 비교하면 상대적으로 지위가 낮은 경우가 많습니다. 언어적 제약, 제도와 정보에 대한 낮은 접근성, 열악한 노동조건, 제약된 체류 기간 등으로 외국인 노동자는 한국인보다 임금체불의 위험성이 훨씬 높습니다.

이외에도 임금체불로 생계가 어려워져 극단적인 선택을 하는 노동자도 있습니다. 이처럼 임금체불은 노동자와 고용주 사이의 단순한 갈등이 아니라, 우리 사회를 붕괴시킬 수 있는 심각한 문제입니다.

현재 임금체불은 '반의사불벌죄'가 적용됩니다. 반의사불벌죄는 고용주의 고의적인 임금체불이 발생해도 피해 노동자가 '처벌 의사'를 밝히지 않고, 고용주가 뒤늦게 임금을 지급하면 임금체불이 없던 일이 되는 것입니다. 법의 허점을 이용해 고용주들은 체불된 임금을 지급하는 대가로 노동자에게 '사업주의 처벌을 원치 않는다'라는 내용의 합의를 강요하는 사례가 비일비재합니다. 노동계에서는 오래전부터 반의사불벌죄의 폐지를 주장하고 있습니다.

정부는 1년 동안 근로자 1명에게 3개월분 이상의 임금을 주지 않거나, 5회 이상 임금을 체불해서 그 총액이 3,000만 원 이상인 회사를 상습 체불기업으로 규정하고 있습니다. 2022년, 노동자들이 임금을 받지 못한 금액은 무려 1조 3,500억 원이며, 상습 체불기업에서만 8,000억 원을 체불했습니다. 전국적으로 7,600여 곳의 사업장에서 임금체불 행위가 벌어졌고, 노동을 제공했음에도 임금을 받지 못한 사람은 24만 명에 달합니다.

일본에서는 정부가 임금체불을 조기에 발견해서 해당 기업을 처벌하기보다 행정 및 사법 조정으로 기업과 노동자의 분쟁을 해결합니다. 우리나라도 임금체불 문제를 해결하기 위해 정부가 사전에 감독을 강화해야 할 필요가 있지 않을까요?

누구나 임금체불을 당할 수 있습니다. 언젠가 임금을 받아 생활해야 하는 청소년 독자 여러분도 이 문제를 알고 있는 게 좋습니다. 마지막 주제는 '청년실업'입니다.

# 점점 늘어나는 청년실업

이수인 과장은 정규직이지만 〈송곳〉의 등장인물 대부분은 비정규직입니다. 이수인 과장은 비정규직에 비해 상대적으로 좋은 대우를 받고 편하게(?) 입사했지만, 정리해고라는 폭풍 속에 힘없이 휘말립니다. 그는 제대로 작동되지 않는 노조를 다시 일으켜 세우기 위해 베테랑 노무사 구고신과 힘을 합칩니다. 그리고 두려움과 귀찮음으로 노조에 가입하지 않고 있던 직원들을 하나하나 설득하고, 노조가 정상적으로 돌아가게 만듭니다.

〈송곳〉은 취업에 성공한 이들의 저항기를 그리지만, 현재 많은 청년은 '청년실업'으로 일자리를 갖고 있지 못합니다. 청년실업이 오랫동안 사회문제가 되면서 가장 열정과 힘이 넘쳐야 할 청년들은 희망을 잃었습니다.

청년들에게 있어 가장 큰 복지는 일자리입니다. 청

년들이 원하는 일자리는 대부분 대기업이나 공공기관입니다. 하지만 우리나라에서 대기업이 전체 일자리에서 차지하는 비중은 14퍼센트에 불과합니다. 미국 58퍼센트, 프랑스 47퍼센트, 영국 46퍼센트보다 훨씬 낮고 OECD 회원국 중에서도 최하위 수준입니다. 이처럼 우리나라 일자리는 대부분 중소기업에서 창출하는데, 현재 많은 청년이 중소기업을 기피하고 있습니다.

일부 기성세대는 대기업만 고집하는 청년들을 비판하지만, 대기업과 중소기업의 차이는 너무나 큽니다. 대한민국의 높은 물가와 집값 등을 고려하면 결혼이나 출산을 하지 않아도 생활이 빠듯할 수밖에 없습니다. 대기업과 중소기업의 임금 차이가 30대에 1.8배라면, 50대에는 그 차이가 2.5배까지 벌어집니다.

게다가 대학교 졸업장이 취업에 큰 영향을 미치기에, 많은 청년이 어려운 환경 속에서도 학자금 대출을 받아서 등록금을 마련하고 있습니다. 학자금 대출을 갚고 안정적으로 자리를 잡으려면 졸업 후 빠른 취업이 필요한데, 양질의 일자리가 없어서 대학을 졸업하고도 쉬고 있는 청년들이 늘어나고 있습니다.

이러한 청년들은 취업에 대한 의지뿐만 아니라 삶에 대한 열정마저 잃어버린 채 '니트족(학교도 안 다니고,

일도 안 하고, 취업 활동도 안 하는 사람)'이 되기도 합니다. 한창 열심히 일하며 사회의 주인공으로 살아가야 할 청년들이 방치되는 건 국가적으로도 결코 좋은 일이 아닙니다.

여러분은 '쓰레기 집'을 들어보셨나요? 현재 집이 쓰레기로 가득 찬 청년들이 늘어나고 있습니다. 쓰레기 집은 강박적인 수집 욕구로 인해 불필요한 물건들까지 집 안에 가득 쌓아놓는 일종의 정신질환입니다. 예전에는 주로 노년층에서만 보였지만, 최근에는 젊은층에서도 나타나고 있습니다.

쓰레기 집을 만드는 청년들은 어렵게 취업했지만 번아웃(심각한 무기력 상태)으로 인해 청소할 힘도 남아 있지 않거나, 취업 실패에 따른 절망으로 힘들어하는 경우가 많습니다. 그래서 물건을 버릴지 말지 판단하는 의사결정 과정조차도 피곤한 노동으로 느끼고 포기하는 것입니다. 청년들의 쓰레기 집은 우리 사회의 아픔과 고립을 상징하는 위기 신호이자, 자칫 잘못하면 고독사로도 이어질 수 있습니다.

청년들은 취업을 통해 자연스럽게 사회로 진출합니다. 하지만 그 과정이 어려워지면서 지금 많은 청년이 힘들어하고 있습니다. 청년실업 문제는 국가적인 차원

에서 접근해야 합니다. 언젠가 여러분도 겪을 수 있는
고민이기에 미리 생각해 봤으면 좋겠습니다.

# 08
# 청년 빈곤과 고독사
## 〈홈리스〉

"집 없이 떠도는 것도 싫고,
공팡내 나는 방은 더 싫어."

# 위험하지만 아직 포기할 수 없는 전세 제도

독립영화 〈홈리스〉의 주인공은 갓난아기를 키우는 청년 부부 한결과 고운입니다. 이사를 앞둔 부부는 새로운 보금자리에서 행복한 삶을 꿈꾸지만, 그 꿈은 오래가지 못합니다. 전세 사기를 당하기 때문입니다.

전세 사기로 전 재산을 잃어버린 절망 속에서 부부는 찜질방에서 머무르지만, 아기가 다치면서 이런 곳에서는 살 수 없다며 어느 단독주택으로 갑니다. 단독주택에는 정성스럽게 가꿔진 마당에 아늑한 공간, 손때 묻은 물건들로 가득합니다. 이곳은 주인공 한결이 평소 배달을 하면서 친해진 할머니가 미국으로 여행을 가며 잠시 비운 집입니다. 이들이 머무는 집은 자기 집이 아니기에, 또 집을 비워야 한다는 불안감은 사라지지 않습니다.

영화 제목인 홈리스는 직역하면 '집이 없음'을 뜻합니다. 많은 청년이 월급만으로는 집을 구하기 어려운 탓에 월세나 전셋집을 옮겨 다닙니다.

전세 제도는 대한민국에만 있는 독특한 주거 문화입니다. 1960~1970년대 도시의 주택이 부족하여 방 한 칸에 세를 줬던 '셋방살이'가 전세의 원조입니다. 전세는 집을 살 여유는 없고, 월세를 내는 건 부담인 사람들에게 내 집을 마련하기 위한 중간 사다리(월세 → 반전세 → 전세 → 자가) 역할을 했습니다.

전세는 월세처럼 집주인에게 매달 돈을 지불하지 않지만, 목돈인 전세보증금을 마련해야 합니다. 이 전세보증금은 집주인이 갖고 있다가 계약이 만료되면 돌려줘야 하지만, 대부분 집주인은 그 전세보증금을 어딘가에 사용하고 있습니다. 그래서 새로운 세입자를 구하고 전세보증금이 들어오면, 계약이 만료된 세입자에게 다시 전달하는 형태입니다. 그런 탓에 세입자에게 가장 큰 위협은 전세보증금을 돌려받지 못하는 상황입니다.

청소년 여러분도 뉴스를 통해 '깡통주택'이라는 단어를 접해본 적이 있을 겁니다. 전세 사기는 대부분 깡통주택에서 발생합니다. 깡통주택은 집주인이 '갭 투기(매매가와 전세가의 차이를 이용한 투기)'를 하려고 은행에서 대출받아 집을 구매했다가 집값이 하락해서 파산하고 집이 경매로 넘어갔을 때, 세입자의 전세보증금이 떼이는 집을 통틀어 가리킵니다.

일반적으로 보증금과 대출금의 합이 집값의 80퍼센트가 넘으면 깡통주택이라 말합니다. 깡통주택은 전세 사기의 가장 일반적인 모습입니다. 깡통주택은 무조건 피하는 게 답이며, 집주인이 아무리 부자라 해도 절대로 믿어서는 안 됩니다.

전세 사기의 피해자 대부분은 사회초년생을 포함한 청년입니다. 겨우 전세보증금을 마련했는데, 전세 사기로 전 재산이 사라진다? 그 절망은 실제로 겪지 않아도 충분히 느낄 수 있습니다.

이러한 문제로 인해 전세가 점점 사라지는 추세이지만, 오랫동안 유지되어 온 제도이기에 완전히 없어지려면 많은 시간이 걸릴 것입니다. 전세 사기는 피해자의 삶을 송두리째 흔들어 놓기에 정부 차원에서 꼼꼼한 예방과 대책이 필요합니다.

# 소통과 연대의 부족으로 늘어나는 고독사

〈홈리스〉에서 전세 사기로 갈 곳을 잃은 부부가 할머니의 집에서 제대로 된 삶을 느끼는 것도 잠시, 아내 고운은 할머니가 미국으로 놀러 가면서 빈집을 맡겼다던 남편 한결의 말을 이상하게 여깁니다. 아무리 잦은 배달로 할머니와 친해졌다고 해도 해외여행을 가면서 집을 맡기는 사람은 거의 없기 때문입니다.

고운은 어쩔 수 없이 아기를 위해서 할머니 집을 자기 집인 것처럼 생각하고 살아갑니다. 하지만 한결이 2층에 있는 할머니 방에는 절대 들어가지 말라고 하고, 옥상에 갔다 오면 마치 범죄 현장에서 지문 자국을 지우듯이 수건으로 문의 손잡이를 문지르는 모습을 이상하게 여깁니다. 언젠가부터 집에서 불쾌한 냄새가 나기 시작하자 고운은 2층의 할머니 방으로 들어가며 모든 진실을 마주합니다. 그곳에는 할머니의 시신이 있었습니다.

저출생·고령화 시대에 '고독사'는 심각한 사회문제가 되었습니다. 고독사는 가족이나 친척 등 주변 사람들과 단절된 채 고립된 삶을 살던 사람이 병이나 다른 이유로 사망하고, 일정 시간이 흐른 뒤에 발견되는 죽음을 뜻합니다. 고독사는 자식과 떨어져 지내거나 연고가 없는 노인에게만 일어나는 문제가 아닙니다. 1인 가구가 증가하면서 청년들의 고독사도 늘어나고 있습니다.

여성가족부가 공개한 '2023년 가족실태조사'에 따르면 1인 가구는 전체 세대 구성 중 33.6퍼센트나 차지하고 있습니다. 1인 가구는 청년부터 노인까지 다양한 연령대로 구성되어 있고, 1인 가구의 절반 가까이는 빈곤 상태에 놓여 있습니다. 주로 남성보다 여성, 청년보다 노인 1인 가구가 빈곤율이 높았습니다.

경제적으로 여유가 있는 1인 가구는 자신이 하고 싶은 취미나 운동 등을 하며 건강하게 지내고, 다른 사람과의 폭넓은 교류를 통해 큰 어려움 없이 살아갑니다. 하지만 가난한 1인 가구는 건강을 제대로 챙기지 못하거나 사회와의 교류가 부족해서 고독사할 위험도 큽니다.

보건복지부와 한국보건사회연구원이 발표한 '2022년 고독사 예방 실태조사 연구'에 따르면, 홀로 사는 19세 이상 성인 9,471명을 대상으로 한 설문조사에서 78.8퍼센트는 고독사 위험군에 속했습니다.

　고독사 문제가 점점 심각해지는 건 우리 사회에서 소통과 연대가 줄어들고 있기 때문입니다. 인터넷 게시판이나 소셜미디어로 누군가와 연결되어 있으니까 괜찮다고 생각할 수도 있습니다. 하지만 그것만으로 충분했다면 지금과 같은 문제는 발생하지 않았을 것입니다. 인간은 사회적 동물이기에 타인과의 직접적인 교류를 통해 외로움과 같은 부정적인 감정을 해소할 필요가 있습니다.

　외로움은 경제적으로 취약한 사람들부터 파고들어 사회 전반에 퍼집니다. 외로움은 단순히 개인의 감정 문제가 아니라, 사회의 구조적인 압박에서 비롯된 하나의 큰 질병입니다.

　대한민국 사회는 내가 진짜 어려울 때 기꺼이 도움을 청할 수 있는 사람이나 기관이 부족합니다. 가족이나 친구에게 도움을 요청하면 된다고 생각할 수도 있습니다. 하지만 가장 가까운 사람에게도 말할 수 없는 고민이 존재하고, 과거처럼 가족 공동체의 끈끈한 유대감도 사라지고 있습니다.

지금 함께 살고 있더라도 나중에는 1인 가구가 될 있고, 주변에 도움을 청할 사람이 없다면 누구나 고독사할 위험성이 존재합니다. 현재 선진국에서는 외로움을 현대인의 심각한 질병으로 인식하고, 이 문제를 해결하기 위해 노력 중입니다. 다른 나라에 비해 외로움이나 고립의 위험이 큰 대한민국도 더 적극적으로 나서야 하지 않을까요?

# 가난해지는 청년들

이제 막 사회에 발을 딛는 청년은 상대적으로 가진 게 적을 수밖에 없습니다. 양질의 일자리를 얻어서 착실히 학자금 대출 등의 빚을 갚아 나간다고 해도 높은 물가와 말도 안 되는 집값으로 인해 삶은 늘 고단합니다.

현재 대한민국의 2030세대는 태어나고 자라는 과정에서 굵직굵직한 사건을 마주했습니다. 1997년 IMF 사태와 2008년 미국발 금융 위기, 2020년에는 코로나19 바이러스로 인해 고통받았습니다. 청년들은 대한민국 경제가 예전처럼 빠르게 성장하기 어려울 것이라는 인식 속에서 '갓생(남들에게 모범적이고 부지런한 삶)'을 통해 어떻게든 살아남으려 합니다. 그러나 아무리 열심히 살아도 현실은 쉽게 나아지지 않습니다. 청년실업률은 계속 상승하고, 노동시장은 양극화되는 상황 속에서 좋은 일자리를 향한 경쟁은 수많은 패배자를 양산하고 있습니다.

각종 통계자료는 대한민국 청년의 어려움을 잘 보여줍니다. 한국청소년정책연구원의 조사 결과 청년 10명 중 8명이 내 집 마련을 간절히 원하지만, 부모의 지원 없이 내 힘으로 집을 마련하는 건 불가능하다고 생각합니다.

또한 보건복지부의 발표에 따르면, 2020년 기준 대한민국 전체 가구의 연평균 소득은 2,873만 원인데, 1인 가구 내에서 청년층은 2,433만 원에 불과했습니다.

소셜미디어에서 만날 수 있는 청년들은 고가의 명품을 사며 호화로운 생활을 즐기는 것처럼 보이지만, 어려운 삶을 살아가는 청년이 많습니다. 2022년 기준으로 서울에 사는 청년의 빈곤율은 55퍼센트이며, 고립·은둔 청년의 75퍼센트는 극단적인 선택을 생각하고 있습니다.

많은 청년이 부모 세대보다 더 안정적으로 잘 살 수 있으리라고 생각하지 않습니다. '이번 생은 망했다'라는 자조 속에서 살아가는 많은 청년에게 결혼과 출산은 현실이 아니라 판타지나 마찬가지입니다. 경제적 부담으로 인해 이성과의 교제도 포기하는 청년들이 존재하는 게 현실입니다.

청년 빈곤 문제는 개인의 노력 여부와 상관없습니다. 누구나 노력해서 적절한 보상과 성취를 얻을 수 있었다면, 청년들이 이렇게 힘들지 않았을 것입니다. 과거와 달리 지금의 청년들이 마주하는 빈곤은 그 무게감이 다릅니다. 출발점이 다른 불공정으로 인해 자기 삶이 이 모양이라고 생각하며 분노합니다. 그 분노가 커지면 타인을 향한 폭력으로 분출될 수 있습니다.

과거의 빈곤이 소득에만 한정되었다면 지금은 교육, 주거, 건강 등 빈곤의 형태가 다양해졌습니다. 소득에서 빈곤을 느끼더라도 주거나 건강 등 다른 요소에서 빈곤을 경험하지 않으면 괜찮을 수도 있습니다. 그러나 빈곤은 도미노처럼 연속적으로 일어납니다.

청년 빈곤 문제를 해결하지 못해 많은 젊은이가 희망을 잃은 국가가 되어서는 안 됩니다.

# 09
# 아파트로 구분하는 계급사회
## 〈콘크리트 유토피아〉

"저는 이 아파트가
선택받았다.
그렇게 생각합니다."

# 대한민국은 아파트 공화국

아파트는 대한민국을 상징한다고 해도 과언이 아닙니다. 아파트는 곧 일상이고 안식처입니다. 영화 〈콘크리트 유토피아〉의 배경은 대지진으로 폐허가 되어 버린 서울에서 유일하게 부서지지 않은 황궁 아파트입니다. 이 아파트로 생존자들이 모여들며 이야기는 시작됩니다.

황궁 아파트 주민들은 지도자를 뽑고, 살아남기 위한 규칙을 정합니다. '아파트 밖은 지옥'이라는 종교적인 믿음과 함께 주민들은 전세와 자가로 신분을 가릅니다. 영화처럼 현실에서도 좋은 아파트는 성공과 유토피아를 상징합니다.

우리나라에서 대단지 아파트가 본격적으로 지어지기 시작한 건 1970년대 초부터입니다. 1990년까지 10가구

중 6가구 이상이 단독주택에 살았지만, 이제는 국민의 절반 이상이 아파트에 사는 '아파트 공화국'이 되었습니다. 우리나라 사람들의 자산 78퍼센트는 부동산이고 대부분 아파트 한 채를 가지고 있습니다.

아파트 공화국에서 아파트는 '욕망'을 상징합니다. 아파트로 계급을 나누고, 아파트로 사람을 판단하며, 아파트로 공동체를 형성합니다. 예를 들어 '강남 3구' 중 하나인 서울 서초구의 한 신축 대단지 아파트에서는 입주민의 미혼 자녀들끼리 만남을 주선하는 모임이 결성됐을 정도입니다.

이외에도 아파트와 관련한 집단 이기주의 사례들을 알아보겠습니다.

아파트 주변에 화장장이나 쓰레기 소각장 등 혐오시설이 들어올 때 반대하는 건 자연스럽습니다. 그러나 일부 아파트 주민들은 꼭 필요한 소방서가 들어오는 것도 반대합니다. 소방서의 특성상 시끄럽게 사이렌을 울리며 출동하는 일이 많기 때문입니다.

많은 주민은 임대용 청년주택이 아파트 주변에 들어오는 것도 반대합니다. 왜일까요? 청년주택으로 인해 아파트 가격이 내려간다고 생각하기 때문입니다. 청년주택에는 가난하고 병든 사람들만 입주한다는 잘못된 선입견으로 발생하는 갈등을 보며 많은 청년이 분노했습니다.

2000년대 초 아파트 단지 내에 분양 세대와 임대 세대를 함께 조성하는 '소셜믹스' 정책이 도입됐습니다. 이 정책은 다양한 사회 계층이 한 단지 내에서 거주함으로써 사회 계층 사이의 격차를 줄이고 통합을 이루는 게 목적이었습니다. 하지만 분양 거주자와 임대 거주자와의 차별만 두드러졌습니다. 임대 세대가 있는 동은 외관을 다르게 하거나, 임대 세대는 저층에 배치하고 분양 세대는 고층으로 배치해 입구와 엘리베이터까지 달리하는 곳도 생겼습니다.

그리고 어떤 사람들은 아파트 이름을 가지고 이상한 자부심을 느끼기도 합니다. 2000년대 초반부터 건설사들은 아파트 브랜드를 경쟁적으로 선보였습니다. 래미안이나 푸르지오, 힐스테이트 같은 이름입니다. 처음에는 한글 이름을 바탕으로 영어가 일부 결합한 형태였는데, 지금은 프랑스어에 라틴어까지 동원합니다. 외국어를 쓰면 더 멋있어 보인다는 잘못된 사대주의와 집값이 상승하길 바라는 욕망이 결합한 바람직하지 못한 모습입니다.

아파트는 상징성과 욕망으로 인해 다양한 사회문제

를 낳고 있습니다. 아파트 주민이 아니면 아파트 단지를 지나갈 수 없도록 하고, 택배 차량이 아파트 어디까지 진입할 수 있느냐를 두고도 갈등이 일어납니다. 아파트를 통해 계급을 나누며, 자신들만의 성을 짓습니다.

인간은 타인과의 유대를 통해 살아가야 합니다. 아파트 주민만으로 공동체를 형성하고, 외부인을 배척할 때 그 사회의 장래가 밝을 수 있을까요? 아파트는 계급을 나누기 위한 기준이 아니라, 삶을 안락하게 살아가기 위한 보금자리여야 합니다.

# 엄연히 존재하는 계급과 불평등

〈콘크리트 유토피아〉의 황궁 아파트 103동은 모든 것이 무너진 세상에서 유일하게 멀쩡한 곳입니다. 희망이 보이지 않는 상황에서 황궁 아파트 103동은 모든 사람이 살고 싶어 하는 유토피아가 됩니다.

삶과 죽음의 경계에서 우리는 얼마나 '인간답게' 살 수 있을까요? 황궁 아파트는 유토피아가 아니라, 점점 인간성을 잃어버린 짐승들로 가득한 디스토피아로 변합니다. 살아남아야 한다는 생존 본능 속에서 타인을 배려하고 가진 것을 나누는 건 미친 짓으로 치부됩니다.

〈콘크리트 유토피아〉의 황궁 아파트는 현실의 축소판이나 마찬가지입니다. 아직 이타적인 사람들이 많기에 우리 사회가 유지되고 있지만, 이러한 사람들이 앞으로도 존재할지는 미지수입니다. 예전처럼 고성장을 기대할 수 없고, 부모의 부가 자녀의 삶까지 결정짓는 세습 자본주의 확산이 심각하기 때문입니다.

여러분은 우리 사회에 계급이 없다고 생각할 수도 있습니다. 그러나 왕이 없음에도 불구하고 경제력을 기준으로 한 계급은 엄연히 존재합니다. 경제력이 높은 계급은 '기득권'을 유지하며 자식 세대에게 세습하려고 합니다. 상대적으로 경제력이 낮은 계급은 열심히 공부하고 일하지만, 계급 상승은 거의 불가능하다고 봐야 할 것입니다.

대한민국에서 계급 상승을 제대로 하기 위해서는 첫 번째로 필요한 게 교육이고, 두 번째로 필요한 게 좋은 대학이며, 세 번째로 필요한 게 좋은 직업입니다. 대한민국은 첫 번째 단계에서부터 불평등이 일어납니다. 자본주의 사회에서 가진 자에게 많은 기회가 있는 건 자연스러운 일이지만, 어릴 때부터 큰 차이가 벌어지는 게 문제입니다. 상대적으로 덜 가진 사람은 아무리 열심히 살아도 따라가지 못할 정도입니다.

가진 사람의 자식은 초등학교 때 이미 고등학생들이 배우는 공부를 하고 있습니다. 차이는 있어도 차별은 없어야 하는데, 부의 차이가 곧 차별이 되면서 계급사회는 더욱 단단해지고 있습니다. 상대적으로 적게 가진 사람도 열심히 노력하면 높은 계급으로 올라갈 수 있다는 희망과 확신이 사라지면서, 우리 사회의 활력이 꺼지는 중입니다.

아파트는 대한민국을 계급사회로 만들고 투기와 부의 불균형을 강화하고 있습니다. 부자들은 여윳돈으로 주거용 아파트와 투기용 아파트를 동시에 구매한 다음에 땀 한 방울 흘리지 않고 더 큰 부자가 됩니다. 그러나 서민들은 터무니없이 높은 집값으로 내 집 마련은 꿈도 못 꾸며 전세에서 살아갑니다. 전세에 사는 사람들의 어려움을 고려해서 법이 개정되었지만, 전세 계약 기간이 지나면 또 다른 전셋집을 찾아다니거나, 집주인이 전세 보증금을 올려달라고 하면 어떡하나 고민에 빠져 밤잠을 설쳐야 합니다.

우리나라에서 아파트는 계급을 의미합니다. 좋고 비싼 아파트에 사는 사람은 부동산 투기 등으로 자신들의 계급을 유지하고, 저렴한 아파트에 사는 사람은 혹여나 대출 이자가 오를까 봐 고민합니다. 서민들을 위해 임대주택 정책이 쏟아져 나오고 있으나, 여러 문제로 인해 확실한 해결책이 되지 못하고 있습니다.

아파트로 대표되는 계급사회와 불평등은 대한민국의 미래를 암울하게 만드는 저출생 문제의 핵심이기도 합니다. 더 심해지는 불평등 속에서 좋은 아파트를 가지고 있는 사람은 결혼과 출산까지 자연스럽게 생각하지만, 월세와 전세를 전전하는 사람은 결혼 혹은 출산이 부담스럽기만 합니다.

인구의 절반이 수도권에 몰려 있는 대한민국에서 다수의 주민이 거주할 수 있는 아파트는 효율적이며 긍정적인 측면이 강했습니다. 그러나 지금은 계급사회와 불평등을 가속하고 있습니다.

# 공동체를 붕괴시키는 집단이기주의

〈콘크리트 유토피아〉는 '공동체'의 필요성을 끊임없이 떠올리게 합니다. 극한의 상황에서 공동체가 제대로 유지될 수 있을까요? 영화는 집을 둘러싼 사람들의 욕망을 적나라하게 드러냅니다.

"내 집 마련을 위해 육교 하나 건너는 데 23년이 걸렸으니, 외부인들과 아파트를 절대로 공유할 수 없다"라는 대사가 이를 잘 보여줍니다. 외부인이 밖에서 죽든 말든 황궁 아파트 주민들만 유토피아를 만들어 잘 살면 된다는 집단이기주의는 우리 사회에서도 보편적입니다. 생존 본능을 가진 인간은 자연재해와 같은 위기 상황 속에서 집단이기주의가 팽배해집니다. 공동체가 이기심만 가득한 인간으로 채워진다면 그 공동체는 붕괴할 수밖에 없습니다.

황궁 아파트 주민들은 자신들을 '선택받은 사람'이라 여기며 다른 공동체와 철저히 분리합니다. 대지진이라는 재난을 맞이하며 황궁 아파트 하나만 우연히 남았을 뿐인데, 공동체를 가르는 울타리는 점점 높이 올라갑니다.

〈콘크리트 유토피아〉의 주인공 김영탁은 '우리'라는 공동체가 항상 올바름을 상징하지 않는다는 사실을 잘 보여줍니다. 그는 사람들 앞에서 말 한마디도 제대로 못하지만, 엉겁결에 황궁 아파트의 대표가 됩니다. 그리고 그 자리에 어울리는 역할을 원하는 사람들의 요구에 자기 자신을 '영웅화'합니다. 우리만 살아남아야 한다는 공동체의 욕망은 김영탁을 이기적인 사람으로 만듭니다.

황궁 아파트 사람들이 외부인을 향해 보여주는 집단 이기주의는 현실에서도 자주 볼 수 있기에 일상으로 느껴질 정도입니다.

이기주의와 개인주의는 다릅니다. 개인주의는 서구 사회에서 종교의 자유에서 시작해 민주주의가 정착되는 시간 동안 형성되었고, 타인과의 연대를 통해 공동체의 형성에도 적극적으로 나섰습니다. 그러나 이기주의는 자기 자신의 이익만을 기준으로 움직이고, 공동체와 사회를 신경 쓰지 않습니다. 이기주의가 팽배하면 자연스럽게 지역이기주의나 집단이기주의로 확장됩니다.

공동체에 개인주의자가 많은 것은 괜찮지만, 황궁 아파트의 김영탁과 같은 이기주의자가 다수인 공동체는 오랫동안 유지될 수 없습니다. 지금 우리 사회는 건강한 개인주의자가 많을까요? 아니면 자기밖에 모르는 이기주의자로 가득할까요?

대한민국은 선진국과 비교해서 사회안전망이 약한 편입니다. 사회안전망이 충분하지 않고 무한경쟁과 각자도생이 심화하면서 '나만 잘 살면 된다'라는 의식은 당연해지고, 공동체 의식은 허물어져 갑니다.

공동체 의식이 사라지면서 사회적인 책임을 피하거나, 고소나 고발 등 법적 대응을 통해 갈등을 해결하려는 사람이 많아졌습니다.

사람과의 관계에서 갈등은 벌어질 수밖에 없습니다. 심각한 갈등이 아니라면 공동체 의식을 바탕으로 대화와 중재를 통해 해결하는 게 바람직하지만, 이러한 과정이 점차 사라지고 있습니다. 문제가 생기면 바로 고소와 고발을 진행합니다. 강력한 처벌이 우리 사회를 안전하게 만들고 피해자의 아픔을 덜어줄 수는 있지만, 공동체 의식을 강화해 주지는 않습니다.

법을 통한 엄벌주의는 다양한 부작용을 만들어 낼 수

있습니다. 예를 들어 교사는 혹시 모를 사고에 따른 형사 처벌을 피하려고 학생들을 열정적으로 지도하지 않고, 의사는 위험이 큰 환자를 꺼리고, 민원에 시달리기 싫은 공무원은 적극적으로 업무를 하지 않습니다.

집단의 이익을 최우선 가치로 생각하는 집단이기주의는 역설적으로 공동체를 붕괴시킬 수 있습니다. 현재 다양한 이기주의로 인해 우리 사회가 병들고 있습니다. 공동체가 무너진 세상에서 '그래도 살만한 세상'이라며 희망을 품고 살아갈 수 있을까요?

# 갈등을 해결하는 정치

〈콘크리트 유토피아〉의 황궁 아파트에는 정치가 존재하는 것처럼 보입니다. 대지진으로부터 살아남은 황궁 아파트 주민들은 주민 회의를 통해 선출한 김영탁을 중심으로 아파트 정비를 시작합니다. 자의가 아닌 타의로 조직의 지도자가 된 김영탁은 점점 권력의 맛에 취해갑니다.

황궁 아파트 주민들은 일한 만큼 차등 분배한다는 원칙을 세우고, 방범대를 구성해 식량을 확보하기 위한 체계를 마련합니다. 초반에는 모두 열정이 넘치지만, 성과는 부족하고 피로가 누적되면서 갈수록 사기가 꺾입니다. 김영탁이라는 지도자를 중심으로 조직을 구성하고 행동하기에 정치가 존재하는 것처럼 보이지만, 실상은 정치가 부재한 상태입니다.

여러분은 정치가 무엇이라고 생각하나요? 프랑스의 정치학자 모리스 뒤베르제는 "칼로 싸울 것을 말로 싸우도록 바꾸는 것"이 정치라고 정의했습니다. 정치철학자인 한나 아렌트는 "폭력을 사용하지 않고 공동의 문제를 해결해 가는 인간의 행위"라고 판단했습니다.

인간은 누구나 욕망을 품고 있지만, 그 욕망을 실현하기 위한 자원은 한정되어 있습니다. 인간이 모여 사는 세상에는 다툼과 갈등이 자연스럽게 생길 수밖에 없고, 이러한 갈등을 해소하고 봉합하는 게 정치입니다. 정치는 국회의사당에서 국회의원만 하는 게 아니라, 민주주의 사회구성원 모두가 하는 기본 행위입니다.

그러나 모든 사회구성원이 하나의 고민과 하나의 문제만 해결하기 위해 일하면 그 공동체는 무너집니다. 각자 자신의 위치에서 최대한 효율적으로 움직이기 위해 민주주의 사회에서는 정치 지도자를 뽑는 선거를 치릅니다. 국회의원은 지역구의 대표이고, 대통령은 한 국가의 대표입니다. 대통령이 맡은 바 임무와 의무를 다하지 않으면 정치는 위기를 맞고, 국회의원이 제대로 된 입법 활동을 하지 않고 사익만 추구한다면 정치는 실종됩니다. 일정 기간 권력을 위탁한 대통령과 국회의원이 엉뚱한 생각을 하지 못하도록 시민들이 감시하고 견제하지 않아도 정치는 사라집니다.

민주주의 사회에서는 대통령이나 국회의원 선거가 있을 때만 정치에 관심을 가지는 게 아닙니다. 언제나 정치에 관심을 두고 권력을 감시해야 민주주의가 유지되고, 내 삶이 권력자에 의해 망가지지 않습니다. 부도덕하고 나쁜 정치인이 등장하는 배경에는 미성숙하고 무관심한 시민들이 있습니다.

정치는 대화와 설득, 타협과 조정을 통해 특정 방향으로 공동체를 이끌어야 합니다. 이 과정에서 자신에게 반대하는 사람을 배제하고, 다수의 힘으로 억누르는 건 정치가 아닙니다. 욕망을 가진 인간은 누구나 자신의 이익을 추구하기에, 단순히 정치 지도자에게 공동체를 위한 일방적인 희생을 요구하는 건 오히려 정치의 실종을 낳을 수 있습니다. 공동체를 위한 정치적인 노력이 정치 지도자의 이익에도 긍정적인 영향을 주는 게 현실적이고 자연스럽습니다.

각자도생 시대에 사람들은 여유와 이타심을 잃어가고 있습니다. 믿을 수 있는 건 돈밖에 없다는 잘못된 가치관이 만연하면서, 공동체는 그 어느 때보다 큰 위기를 맞고 있습니다. 우리가 정치에 늘 관심을 기울여야 할 이유는 명확합니다. 내 삶과 모두를 위한 공동체를 유지하기 위해서 꼭 필요하기 때문입니다.

더 나은 사회를 위해서는 정치가 사라지지 않도록 유지하는 일이 가장 중요합니다.

# 10
# 아직 끝나지 않은 역사
## 〈파친코〉

"우리가 왜
이런 고생을 해야 해요?
우리는 조선인인데,
왜 일본인처럼
살아야 해요?"

# 편견과 선입견으로 인한 외국인 혐오

한국계 미국인 작가 이민진의 베스트셀러 소설을 원작으로 하는 드라마 〈파친코〉는 전 세계적으로 화제가 되었습니다. 이 드라마는 '식민지'로 대표되는 제국주의 시대 한반도와 일본 열도를 배경으로, 일본에 사는 한국인 동포의 굴곡진 삶과 애환을 담고 있습니다.

하지만 〈파친코〉는 일본에서는 큰 인기를 끌지 못했습니다. 왜일까요? 다수의 일본인은 자국의 부끄러운 역사를 모르거나 부정하고 있기에, 해당 작품을 온전히 보기 힘들었을 것입니다.

1905년, 부산과 일본의 시모노세키를 잇는 배가 개통되면서 많은 조선인이 일본으로 건너갔습니다. 대도시를 중심으로 일본 전역으로 퍼져나간 조선인과 그 후손들을 오늘날에는 '자이니치(在日)' 혹은 '재일교포'라고 부르고 있습니다. 그때 일본에 살던 조선인은 자주 굶주렸는데, 일본인이 먹지 않고 가축의 사료로 사용했던 동물의 내장을 가져다 먹은 게 지금의 곱창 요리로 알려져 있습니다.

그 당시 대다수 일본인은 식민지에서 건너온 조선인을 무시했습니다. 단순한 무시와 차별뿐만 아니라, 대지진이 발생했을 때 조선인을 희생양으로 삼기도 했습니다. 일본의 권력자들은 1923년에 '관동 대지진'으로 사회가 혼란스러울 때 조선인이 우물에 독을 타고 공장 같은 산업시설에 불을 질렀다고 근거 없는 소문을 퍼트렸습니다. 일본인은 이 소문을 곧이곧대로 믿었고, 조선인을 향한 무차별적인 분노를 표출했습니다. 당시 수많은 조선인이 학살당했는데, 일본 정부는 지금도 이 사실에 대해 부정하고 있습니다.

일본인은 '태평양 전쟁'에서 패배한 이후에도 조선인을 혐오했습니다. 패전국으로 사회 시스템이 붕괴한 일본은 극심한 식량난에 처했는데, 시선을 돌리기 위해 조선인이 또다시 희생되었습니다. 조선인은 식탐이 많아서 일본인보다 4배나 더 먹는 탓에 식량이 부족하다는 게 근거였습니다.

자이니치는 지금도 일본인의 혐오에서 벗어나지 못

합니다. 일본의 극우 세력은 '혐한(대한민국을 혐오 및 적대적으로 대함)'을 적극적으로 조장하며, 자이니치에 대한 차별과 폭언뿐만 아니라 살해 협박까지 일삼고 있습니다. 일본의 극우 세력이 이렇게까지 대한민국을 싫어하는 이유는, 식민지에 불과했던 대한민국이 경제적으로 일본을 뛰어넘을지도 모른다는 위기의식을 가지고 있기 때문입니다.

보수적인 일본 사회는 자이니치뿐만 아니라, 외국인에 대한 차별과 혐오가 심합니다. 드라마 〈파친코〉에는 외국인을 혐오하는 일본의 정서가 잘 녹아 있습니다.

그렇다면 우리나라는 일본처럼 외국인을 혐오하는 일이 없을까요? 일본만큼 보수적인 나라이자 포용력이 약한 대한민국에서도 외국인에 대한 혐오와 차별이 가득합니다. 예를 들어 선진국에서 온 서양인에겐 친절하지만, 동남아시아에서 온 외국인은 함부로 대하는 모습을 볼 수 있습니다.

현재 우리나라에 있는 수많은 공장이 외국인 노동자 덕분에 운영되고 있음에도 불구하고, 외국인 노동자가 들어온 탓에 일자리가 부족하다고 잘못된 주장을 하는 사람들이 있습니다. 특정 지역에서는 외국인 대다수가 범죄자라고 인식하기도 합니다.

이제 외국인이 우리나라에 들어와서 일하는 것을 막을 수도 없고, 아무 이유 없이 내쫓을 수도 없습니다. 국내에 머무는 외국인도 함께 살아가야 할 이웃이 아닐까요?

혐오의 끝에는 혐오밖에 없습니다. 우리는 지금 무의식적으로 외국인들을 차별하고 있지는 않은가 생각해 봐야 합니다.

# 청소년 도박 중독

드라마 〈파친코〉에서 선자와 선교사 이삭 사이에서 태어난 아들 모자수는 파친코를 운영합니다. 일제강점기에 자이니치는 거지보다 못한 취급을 받았습니다. 선자의 아들 모자수는 오직 살아남기 위해 불법과 탈법을 오가는 파친코 영업장을 운영하며 가족의 생계를 책임집니다.

드라마 제목인 파친코는 일본의 가장 대중적인 도박으로, 한때 수백조 원 규모로 번성하며 '국민 도박'이라 불렸던 산업입니다. 일본인은 도박 산업이라 파친코에서 일하기 꺼렸던 탓에 한때 파친코 영업장의 80퍼센트를 자이니치가 운영할 정도였습니다.

이처럼 자이니치의 삶과 밀접한 관련이 있는 파친코는 수많은 중독자를 양산했습니다. 드라마에서는 도박 중독을 거의 다루지 않지만, 파친코 산업이 일본 사회에 끼친 부작용을 보며 우리나라의 도박 문제도 생각해 볼 수 있습니다.

한국은 도박에서 안전할까요? 그렇지 않습니다. 이 책은 청소년 독자를 대상으로 하기에 여기에 중심을 두고 글을 이어가겠습니다.

많은 청소년이 도박을 불법이 아니라, 게임으로 생각하고 시작합니다. 스마트폰으로 온라인 도박을 손쉽게 경험하면서 점점 빠져들게 됩니다. 천 원으로 시작한 판돈은 어느덧 수십만 원대로 올라가고, 판돈을 마련하기 위해 낸 빚은 눈덩이처럼 불어납니다. 실제 많은 청소년이 처해 있는 현실입니다.

경찰청에 따르면 사이버 도박 범죄로 검거한 만 14세 이상 청소년이 2019년 72명에서 2023년 171명으로 2배 이상 늘어났습니다. 그리고 2023년 9월부터 2024년 3월까지 6개월 동안 사이버 도박 단속으로 적발된 청소년만 하더라도 고등학생 798명, 중학생 228명, 초등학생도 2명이나 있었습니다. 직접 도박 사이트를 만들어 운영한 청소년도 23명이나 적발됐습니다.

2022년, 건강보험심사평가원의 '청소년 도박 중독 진료 현황'에 따르면 도박 중독으로 상담받은 건수가

2017년 837건에서 2021년에는 2,269건으로 3배 이상 증가했습니다. 그리고 전국 초중고 학생 1만 8,444명을 대상으로 한 '불법도박 피해 조사'에서 4,392명이 '자살을 생각한 경험이 있다'라고 답할 정도로 도박으로 인한 피해가 심각합니다. 실제로 도박 중독 및 피해로 상담이 필요한 청소년은 이보다 더 많을 것입니다.

청소년 도박은 그 자체로도 심각한 문제이지만, 또 다른 범죄로 이어질 수 있기에 더 큰 우려를 낳습니다. 일부 청소년은 도박으로 탕진한 돈을 마련하기 위해 학교폭력 가해자가 되거나, 가족이나 친구의 개인정보를 팔거나, 성매매 알선이나 사채를 통해 돈을 마련하기도 합니다.

청소년 도박은 워낙 광범위하게 퍼져 있지만, 어른들은 청소년 도박 문제에 무관심한 편입니다. 학교폭력에 비해 상대적으로 심각하지 않다고 여깁니다. 하지만 청소년기에 제대로 해결하지 못한 문제는 성인이 되어서도 문제가 될 가능성이 큽니다. 만약 어린 시절 도박에 중독되어 그대로 방치된다면, 어른이 되어서도 도박을 끊을 수 없을 것입니다.

도박은 게임이 아닙니다. 도박은 내 삶을 완전히 망가뜨릴 수 있는 매우 위험한 행위입니다. 예방과 대응을

통해 청소년을 비롯하여 많은 사람이 도박에서 안전할
수 있도록 항상 관심을 기울이고 경계해야 할 것입니다.

# 반성도 사과도 없는 일본의 역사 왜곡

〈파친코〉의 주인공 선자는 1931년 일본 오사카에 건너갔다가 50년 만에 고향인 부산으로 돌아옵니다. 그리고 친자매처럼 지낸 복희 언니와 만납니다.

복희 언니는 선자에게 "어떤 아재가 찾아와가 만주 공장에 좋은 일거리 있다고 우릴 소개시켜 준다카데. 전쟁 끝나고 와 보니 너희 어머니 안 계시더라. 솔직히 말해 다행이다 싶었다. 우리가 이래 변한 꼴, 보이고 싶지 않았다"라고 말합니다.

한국의 아픈 역사인 '일본군 위안부'를 떠올리게 하는 대목입니다. 일본인의 처지에서 자신들의 얼룩진 역사를 반성하며 보는 건 쉽지 않은 일이기에, 〈파친코〉의 일본 시청률이 낮은 건 이해할 수 있습니다. 하지만 이 드라마를 가지고 역사를 왜곡했다고 주장하는 모습은 결코 다름으로 볼 수 없습니다.

일본 정부에서는 〈파친코〉가 자이니치의 시점에서 지나치게 미화되었으며, 한국과 일본의 입장을 공평하게 반영하지 않았다고 비판했습니다. 일본 정부는 과거사를 있는 그대로 받아들이며 고개를 숙이기는커녕 명백한 역사마저도 부정하고, 왜곡된 역사적 사실을 교과서에 실어 자라나는 아이들에게 가르칩니다. 그리고 독도를 자신들의 땅이라 주장하며 '다케시마(독도의 일본 표현)의 날'까지 지정했을 정도입니다.

현재 대한민국을 포함한 여러 나라에서 다양한 역사 자료를 통해 객관성을 확보한 사실을 일본만 부정하고 있습니다. 식민지 조선에서 많은 여성이 돈을 벌기 위해 만주로 건너가 자발적으로 위안부가 되었다는 사실을 어떻게 믿을 수 있을까요? 부끄러움을 모르는 일본의 역사 왜곡은 점점 더 심해지고 있습니다.

일본의 장기 집권 여당인 자유민주당(자민당)은 일본이 아시아 대륙을 호령했던 과거를 떠올리며, 다시 한번 그 시절의 영광을 되찾기 위해 호시탐탐 기회를 노리고 있습니다. 이러한 기조 아래 정부나 국가기관 차원에서 여러 전쟁범죄를 축소하거나 군국주의와 제국주의 시절을 상징하는 욱일기를 홍보하는 등 다양한 방식으로 역사 왜곡을 지속해 나가고 있습니다.

또한 일본은 조선인을 포함하여 식민지에서 사람들을 강제로 끌고 와 노예처럼 착취한 군함도나 사도 광산을 유네스코 세계문화유산으로 신청하면서 강제 징용 희생자들을 기리는 시설을 만들겠다고 약속했음에도 "강제 징용은 없었다"라는 주장만 전시하기도 했습니다.

일본의 역사 왜곡은 단순히 일본만의 자기합리화가 아닙니다. 일본의 폭력에 고통받은 사람들에게 가해지는 2차 폭력이고, 우리나라를 비롯한 많은 나라의 역사적 상처를 더 크게 만드는 일입니다. 게다가 독도를 향한 일본의 도발은 우리나라의 안보를 위협하는 행동이기도 합니다.

일본의 역사 왜곡에 항의해서 일본 여행을 가지 않거나 일본 제품을 사지 않는 불매 운동을 하는 사람들도 있습니다. 하지만 불매 운동에 참여하지 않는다고 해서 타인을 마구잡이로 비난하는 일은 지양해야 합니다. 역사 왜곡이 가진 심각한 문제점을 인지하고 끊임없이 관심을 가지는 일이 더 중요합니다.

앞으로도 일본은 자신들의 이익을 위해 역사를 왜곡할 것입니다. 과거에는 무관심과 무대응이 적절한 방법이었으나 이제는 적극적인 대응이 필요한 때입니다. 여러분도 일본의 역사 왜곡에 단호하게 대응하며 주권 국가의 민주시민으로서 우리 역사를 소중히 하고, 역사의 피해자들에게도 관심을 기울이면 좋겠습니다.

# 사회를 분열시키는 역사수정주의

여러분은 혹시 '역사수정주의'라는 단어를 들어보셨나요? 이 단어는 이미 정설로 굳어진 역사적인 사실에 이의를 제기해서 그 존재를 부정하거나, 일반적으로 알려진 사실에 수정을 가하려는 걸 말합니다.

역사수정주의는 정치적으로 널리 사용되었습니다. 예를 들어 독일이 세계대전을 일으킨 건 영국과 프랑스가 외교적으로 독일을 고립시켜 너무 못살게 굴었기 때문이라는 것입니다. 그럴싸해 보이지만 근거 없는 책임 회피에 불과합니다. 역사는 누구나 자유롭게 해석하고 의견을 내세울 수 있지만, 객관성이 빠진 주장은 인정받을 수 없습니다. 역사수정주의는 공감이나 보편성이 없는 독단적인 해석일 뿐만 아니라, 편협한 민족주의의 산물입니다.

역사 왜곡을 진행하는 일본에만 역사수정주의가 만연한 게 아닙니다. 우리나라에서도 조선이 잘못한 탓에 일본의 식민지가 될 수밖에 없었고, 일본의 식민 지배로 조선이 근대화되었다는 '식민지 근대화론'을 주장하는 사람들이 있습니다. 이러한 주장을 하는 사람들은 대한민국이 성장할 수 있었던 원동력을 일제강점기에서 찾습니다. 이들은 일제강점기로 조선에 철도와 도로, 항구 등의 다양한 시설이 건설되었고, 대한민국이 경제적으로 성장하는 데 큰 도움이 되었다고 말합니다.

그러나 일본은 식민지 조선의 발전과 성장을 위해서 인프라를 구축한 게 아닙니다. 식민지 조선에서 물자나 인력 등의 수많은 자원을 효율적으로 수탈하기 위해 만든 것일 뿐입니다.

대한민국은 일본이 아니라 우리 부모님과 조부모님의 희생과 노력으로 만들어졌습니다. 일본의 식민 지배로 우리나라가 근대화되었다고 말하는 것은, 강제로 착취당한 피해자가 가해자에게 '당신들 덕분에 잘 먹고 잘 살게 해 줘서 고맙다'라고 말하는 것이나 마찬가지입니다.

민주주의 사회에서는 역사적인 사실에 다른 해석과 의견을 가질 수 있습니다. 문제는 역사수정주의와 식민지 근대화론이 우리 사회를 분열시키고, 역사의 피해자들에게 더 큰 상처를 준다는 점입니다. 역사의 피해자들은 가해자나 가해국의 진심 어린 사과와 주변 사람들의 관심과 공감이 필요합니다. 그런데 식민 지배를 한 제국주의 열강의 논리로 역사의 피해자들에게 다시 한번 상처를 주는 게 바람직할까요?

일본은 집요하게 역사를 왜곡하고, 돈과 권력을 이용해 일부 한국인들이 일본 편을 들기를 원합니다. 역사수정주의는 명백한 일본의 전쟁범죄와 식민지에서 가한 폭력을 부정하고, 피해자들의 고통과 아픔을 무시한 채 오히려 일본인들이 과거사로 인해 역차별받는다는 허무맹랑한 주장까지 하도록 만듭니다.

일제강점기와 관련하여 다양한 해석과 의견은 존재할 수 있습니다. 하지만 역사수정주의나 식민지 근대화론과 같은 주장은, 잘못하면 일본의 역사 왜곡을 인정하는 것처럼 보일 수 있기에 조심해야 합니다. 잘못된 학설이나 주장이 설득력을 얻는 걸 막기 위해서는 미리미리 우리 역사에 관심을 기울이고 있어야 합니다. 그래야 엉뚱한 소리에 통쾌하게 반박할 수 있습니다.

"역사가 우리를 망쳐놨지만 그래도 상관없다."

소설 『파친코』의 첫 문장입니다. 역사에 기록되지 않

는 평범한 사람들이 혹독한 역사를 극복하고 헤쳐 나간 덕분에 지금의 대한민국이 있는 게 아닐까요?

# 11
# 사회안전망의 필요성
## 〈오징어 게임〉

"원래 사람은
믿을 만해서 믿는 게 아니야.
안 그러면 기댈 데가
없으니까 믿는 거지."

# 개천에서 용이 나올 수 있을까?

전 세계를 강타한 넷플릭스의 〈오징어 게임〉은 의문의 게임에 참여한 사람들이 456억 원의 상금을 차지하기 위해 목숨을 걸고 도전하는 이야기를 담은 작품입니다. 이 게임의 참가자는 대부분 거액의 빚을 지고 어려운 삶을 이어가던 사람들입니다.

〈오징어 게임〉의 주인공 성기훈과 어린 시절에 절친했던 조상우는 어려운 가정환경 속에서도 열심히 공부해 서울대 경영학과에 합격해서 출세한 인물입니다.

대한민국에서 성공과 엘리트를 상징하는 서울대 출신인 조상우는 흔히 '개천에서 용 난다'라는 속담에 딱 들어맞는 인물입니다. 사실 필자는 '개천에서 용 난다'라는 말을 좋아하지 않습니다. '개천'도 사람들이 사는 소중한 공간인데, 마치 빈곤하고 황폐한 패자들이 살아가는 것처럼 보이기 때문입니다. 이 글에서는 편의상 '개천에서 용 난다'라는 표현을 사용하도록 하겠습니다.

〈오징어 게임〉에서 마지막까지 살아남은 성기훈과 조상우는 최후의 대결을 벌입니다. 작품 속에서는 성기훈이 서울대 출신의 조상우를 이기지만, 현실에서 그런 일은 거의 일어나지 않습니다.

주인공 성기훈은 자동차 공장에 다니다가 구조조정을 당하고, 사업을 하다가 실패했으며, 그 이후에는 도박으로 한탕만을 노리는 무능력한 인간입니다. 성기훈처럼 무능력하지 않더라도 서울대 출신과 비서울대 출신의 성공 가능성은 확연하게 차이가 납니다. 출신 대학뿐만 아니라 부모의 재력에 따라 자녀의 성공이나 계급이 결정되면서 한국 사회의 역동성은 크게 떨어져 있습니다.

〈오징어 게임〉에서는 가진 게 없는 사람도 성공할 수 있는 기회라도 있지만, 현실은 그러한 기회조차 없는 경우가 많습니다. 그런 탓에 게임의 참가자들은 목숨을 건 잔인한 규칙에 겁을 먹고 게임을 중단했음에도, 지옥 같은 현실을 접하고 다시 한번 한 줄기 희망을 품고 게임에 참가합니다.

게임의 최종 승리자가 되면 456억 원의 돈을 가질 수 있습니다. 현실에서 456억 원의 돈을 가질 방법은 무엇이 있을까요? 한국에서 판매하는 로또 1등 당첨금으로 10~20억 원을 받는다고 가정했을 때, 1등 당첨자가 나오지 않아서 거의 20회 이상 이월된 후 당첨자가 나와야만 비슷한 금액을 가질 수 있습니다. 사실상 불가능한 일입니다.

〈오징어 게임〉처럼 우리가 사는 세상은 결코 공정하지도 공평하지도 않습니다. 기회의 평등을 말하지만, 이 세상의 모든 사교육이 사라지지 않는 이상 기회도 불공평합니다.

대한민국은 과거처럼 신분제도가 없음에도 불구하고 돈이나 권력 등으로 인해 계급이 나뉘어 있습니다. 개천에 사는 사람들도 행복할 수 있도록 사회가 바뀌어야 하지만, 개천을 벗어난 용들은 개천을 부정하며 사람들 위에서 군림하려는 경우가 많습니다. 개천을 벗어나 용이 되는 것이 중요한 게 아니라, 개천에서 살아가는 사람들의 삶의 질을 높여 굳이 개천을 벗어나지 않아도 행복하게 살 수 있도록 하는 게 중요합니다.

개천에서 벗어난 용이 개천을 더 나은 곳으로 만들기 위해 노력하고, 인간답게 살 수 있는 환경이 만들어져야 그 사회는 에너지가 충만해집니다. 지금 한국 사회는 개천이 늘어만 가고, 용의 꿈을 포기한 뱀들이 가득한 세상이 되고 있습니다.

다음 주제는 우리 사회에서 널리 퍼지고 있는 '능력주의'에 대해 알아보겠습니다.

# 허점이 많은 능력주의

〈오징어 게임〉에서 마지막까지 남은 3명은 456억 원을 가져야 하는 뚜렷한 목표가 있습니다. 최종 승자가 되는 성기훈은 병든 어머니를 병원에 모셔야 하고, 멋진 아빠의 모습으로 딸을 만나 선물을 줘야 합니다. 조상우는 빚을 청산하고 어머니의 가게를 지켜야 하며, 강새벽은 보육원에 있는 동생을 돌봐야 합니다. 성별, 학벌, 출생지, 부모의 재산 등을 차치하고 오로지 '능력'만으로 이들은 살아남은 것일까요?

게임에 참여한 이들은 게임이 전혀 공정하지 않음을 금방 알아차립니다. 그러나 게임에서 벗어날 수 없는 건 456억 원의 상금을 차지할 수 있다는 희망과 아무런 가능성이 없는 현실이 존재하기 때문입니다. 철저한 힘의 논리 속에서도 그들이 게임에 참여하는 이유입니다.

〈오징어 게임〉은 우리 사회와 자본주의의 민낯을 보여줍니다. 상금 456억 원은 누구나 승자가 될 수 있다는 환상을 상징합니다. 승자보다 패자가 훨씬 많음에도 불구하고, 자신은 패자가 아니라 승자가 될 수 있다는 착각 속에서 많은 사람이 살아갑니다. 기득권을 가진 지배 계급은 자신들의 기득권을 유지하며 잔인하게 말합니다.

"너도 나처럼 하면 성공할 거야. 누구나 열심히 살면 성공할 수 있어."

〈오징어 게임〉 속 조상우는 다른 참가자처럼 어마어마한 빚을 갚기 위해 목숨을 걸고 게임을 하지만, 엘리트 의식은 그대로 있습니다. 서울대 출신 금융전문가로서 사회의 실패자들과 게임을 하는 것 자체가 마음에 들지 않아 보입니다. 하지만 진짜 엘리트는 엘리트 의식에 빠진 조상우를 보며 비웃습니다.

여러분은 능력만 있으면 모든 걸 할 수 있는 게 공정한 사회라고 생각하나요? 자본주의 사회를 지탱하는 능력주의는 매우 위험할 수 있습니다.

능력주의는 '공정'이 아닙니다. 심각한 사회 양극화 속에서 우리는 출발선 자체가 다릅니다. 역설적으로 우리가 원하는 공정하고 공평한 세상을 만들고 싶다면, 국가가 개개인의 삶마저 통제하고 관리해야 합니다. 예를 들어 그 누구도 학원에 다닐 수 없고 과외를 할 수 없는 상황에서 오직 교과서만으로 수능을 봐서 대학을 가야 합니다. 그리고 대학 간판으로 한 사람의 삶이 결정되는 건 바람직하지 않으므로 대학의 서열도 모두 없애버리는 겁니다. 당연히 불가능한 일입니다.

우리나라의 경제가 어려워지고 먹고사는 문제가 쉽게 해결되지 않으니, 사람들은 각자도생을 선택하며 능력주의는 더욱 강해지고 있습니다. 기회 자체가 적은 청년들은 친구마저 내가 가진 것을 빼앗으려고 하는 경쟁자로 느끼기도 합니다. 소수자나 취약계층에 대한 배려도 능력주의를 앞세워 비난하고 허용하지 않습니다. 가장 공정한 방식이라 믿는 시험에 대한 맹신으로 인간다움이 사라지고 있습니다.

능력주의는 평등보다 불평등을 가져왔고, 우리 사회의 연대를 무너뜨리고 있습니다. 우리 사회는 오로지 능력만으로 모든 결과가 결정되는 게 아닙니다. 부와 신분은 성취가 아니라 운입니다. 개인이 노력하지 않아 가난한 게 아닙니다. 부모가 만들어 준 가짜 능력이 판을 치는 세상입니다.

우리 사회에 필요한 건 지배 계급이 기득권을 유지하

기 위한 수단으로 활용되는 능력주의가 아닙니다. 사회 양극화를 해소하고, 높은 윤리 의식을 바탕으로 반칙과 편법이 없는 정의로운 세상입니다.

# 사회적 약자를 위한 복지

〈오징어 게임〉에서 사람들은 탐욕에 눈이 멀어서 게임에 참가한 게 아닙니다. 희망이 전혀 보이지 않는 현실에서 살기보다는 456억 원의 상금을 탈 수 있다는 가능성을 믿었기 때문입니다. 이 게임에는 패자부활전이 없지만, 빚과 가난에 찌든 현실에서도 마찬가지입니다.

만약 〈오징어 게임〉에 참가한 인물들을 사회가 보듬어 주고 제대로 된 교화를 할 수 있었다면, 게임에 참가한 사람은 몇이나 될까요?

우리가 어릴 때 게임을 했던 건 친구들과 함께하는 시간이 소중했기 때문입니다. 지금은 치열하게 경쟁하고 살아남기 위해 우리는 늘 공부하고 일하고 있습니다. 대한민국은 생존을 위해 경쟁해야 하는 게임으로 가득한 사회이고, 패자가 겪는 비용은 너무나도 큽니다. 반대로 승자가 얻는 이익은 과도하게 큽니다. 극도의 경쟁 사회에서 대다수는 약자에 불과합니다.

자본주의는 인간의 이기심과 물질만능주의가 커질수록 위험해집니다. 인간 본연의 가치보다 돈이 우선시되면 여러 가지 부작용이 솟구쳐 나옵니다. 이제는 예전처럼 끼니를 걱정하는 사람도 크게 줄고, 의무교육 제도를 통해 제대로 배우지 못한 사람도 적지만, 정글과 같은 야생에서나 벌어질 만한 일들은 더 많아지고 있습니다.

사회적 약자를 위한 복지는 꼭 필요합니다. 복지는 '공짜 점심'도 아니고 게으름을 촉발하는 원인도 아닙니다. 희망을 품고 살아가게 만드는 원동력이며, 공동체를 유지하는 데 필요한 기회의 균등입니다. 장애를 안고 태어난 사람과 그렇지 않은 사람의 출발선이 같을 수 있을까요? 자본주의는 이미 기울어진 운동장입니다. 조금이라도 기울기를 평평하게 만들려고 노력하지 않으면, 모두가 바닥으로 추락할 수밖에 없습니다.

인간은 과도한 탐욕을 갖고 있지 않습니다. 아름다운 노을을 보면 누구나 사진을 찍고 싶어하고, 선선한 바람을 느끼며 강변을 걷거나 자전거를 타고 싶어 합니다. 그리고 사랑하는 사람들과 함께 시간을 보내며 소소한 행복을 느낍니다. 이처럼 모든 사회구성원은 행복하고 인간다운 삶을 누리고 싶어 합니다.

불평등한 세상에서 약자는 소외와 갈등, 빈곤과 범죄, 환경오염 등에 더욱 취약할 수밖에 없습니다. 불평등은 단순히 개인의 노력으로 극복할 수 있는 게 아닙니다. 사회의 구조가 불평등을 만들어내는 탓에, 약자를 위한 복지가 필요한 것입니다.

사회적 약자를 차별하고 혐오할수록 공동체는 허약해지고, 그 공동체에서 살아가고 있는 우리들의 삶 역시 위험해질 수 있습니다.

# 나가는 말

저와 함께 한 여행이 즐거웠나요? 어렵고 멀게만 느껴졌던 사회문제가 영화와 드라마를 통해서 조금 더 쉽고 가깝게 느껴졌으면 좋겠습니다.

이 책을 읽고 있는 순간에도 우리 사회에서 다양한 문제가 발생하거나 심화하고 있습니다. 단 하나의 사회문제도 없는 깨끗한 세상은 존재할 수 없기에, 앞으로도 사회문제를 고발하는 영화나 드라마가 계속 만들어질 것입니다.

영화나 드라마뿐만 아니라, 소설이나 만화, 유튜브 콘텐츠를 창작하는 사람 중에서도 우리 사회에 발생하는 사회문제에 관심을 가지고 작품을 통해서 메시지를 던지기도 합니다. 그러한 메시지는 작품 속에 은은하게 깔려 있을 수도 있고, 직접적으로 드러날 수도 있습니다.

좋은 작품은 우리가 사는 세상을 조금씩 변화시킵니

다. 대중의 깊은 공감과 높은 분노를 통해 꿈쩍하지 않던 권력기관과 언론을 움직이고, 홀로 힘들어하던 피해자에게 위로와 용기를 전해주기도 합니다.

2011년에 개봉한 〈도가니〉는 광주 인화학교에서 벌어진 청각 장애아동의 성폭행 사건을 바탕으로 만들어졌습니다. 개봉 당시 460만 관객을 동원하면서 사회적 공분을 끌어냈고, 사건의 재조사를 요구하는 여론이 뜨겁게 형성됐습니다. 덕분에 여론에 민감한 국회가 움직여서 장애아동의 성폭력 범죄에 대한 처벌을 강화하는 '도가니법'이 통과됐습니다.

그러나 작품성과 뜨거운 메시지만 담고 있다고 해서 반드시 흥행에 성공하는 건 아닙니다. 2009년 1월 20일에 발생한 '용산4구역 철거현장 화재 사건' 혹은 '용산 참사'라고 불리는 사건을 다룬 연상호 감독의 〈염력〉은 100만 관객도 달성하지 못했습니다. 용산 참사를 더 많은 사람에게 알리고 싶어 100억 원에 가까운 제작비를 들여 만들었지만, 이 작품은 99만 관객을 동원하는 데 그쳤습니다.

우리 사회의 어두운 면을 보여주고 흥행까지 성공하려면, 사회문제를 시의적절하게 소개하고 뚜렷한 해법도 제시해야 합니다. 그리고 무엇보다 재미가 있어야 합니다. 아무리 날카로운 작품이라 하더라도 재미가 없으면 많은 관객에게 선택받을 수 없습니다.

하지만 흥행에 성공하지 못한 작품이라 해서 문제의식이 부족하거나 날카로움이 떨어진다고 볼 수는 없습니다. 중요한 건 지속적인 관심과 연결성, 나에게 알맞은 작품을 선택하는 것입니다. 평점이 낮은 작품이 나에게는 10점 만점의 작품이 될 수 있고, 천만 관객을 동원한 인기 작품이 나에게는 최악의 작품이 될 수도 있습니다.

미디어 콘텐츠가 넘쳐나는 시대에 사회문제를 해결하기 위해 좋은 작품과 콘텐츠를 선별하는 안목은 꼭 필요한 능력입니다.

미디어를 통해 사회문제를 바라보고 해결책을 찾아보고자 노력하는 일은, 우리 사회가 병드는 걸 막는 예방주사이자 치료제가 될 수 있습니다. 건강하게 사고하는 사람이 많이 있어야 사회를 아름답게 유지하고 민주주의도 지킬 수 있습니다.

사회의 어두운 진실을 마주하는 것은 그리 즐거운 일은 아닙니다. 오히려 우리 마음을 불편하게 만들기도 합니다. 게다가 사회문제를 해결하기 위해 적극적으로 연대하고 참여하기보다 방관하는 게 더 편할 수도 있습니다. 하지만 사회가 병들수록 우리의 삶도 악영향을 받습니다. 미디어를 통해 사회문제를 바라보고 해결책을 생각하는 건 누구를 위한 일도 아닙니다. 결국 나를 위한 일입니다.

# 우리 사회를 망가뜨리는 것들

**초판 1쇄** 발행일 2025년 1월 2일

**지은이** 조현수

**펴낸이** 김상기

**펴낸곳** 리마인드

**출판등록** 제2021-000076호(2021년 9월 27일)

**주소** 서울특별시 은평구 응암로14길 1-15, 801호

**전화** 070-8064-4518  **팩스** 0504-475-6075

**이메일** remindbooks@naver.com

**편집** 김상기  **디자인** 나침반

**인쇄 · 제본** 명지북프린팅

**ISBN** 979-11-988308-6-9 (43300)